AF368653

DISCOURS

POLITIQUES,

TRADUITS DE L'ANGLOIS

DE MONSIEUR HUME.

TOME SECOND.

DISCOURS
POLITIQUES
DE MONSIEUR HUME

TRADUITS DE L'ANGLOIS

Nouvelle Edition.

Par

MONSIEUR L'ABBÉ LE BLANC
Hiftoriographe des Bâtimens du Roy de France.

Magna pars, ftudiorum amœnitates quærimus : quæ vero tractata ab aliis dicuntur immenfæ fubtilitatis, obfcuris rerum tenebris premuntur.

Plin. in Præf. ad Vefpaf.

TOME SECOND.

avec Privilège du Roi.

A DRESDE,
Chez MICHEL GROELL,
Libraire & Marchand d'Estampes.

M. DCC. LV.

DISCOURS

POLITIQUES,

TRADUITS DE L'ANGLOIS

DE Mr. HUME.

DISCOURS IX.

De quelques Coûtumes remarquables.

Je ferai quelques Réflexions fur trois Coutumes remarquables, dans trois fameux Gouverne-mens, & je conclurai du tout que les maximes générales en Politique ne doivent être établies qu'avec de grandes réferves, & qu'on découvre fouvent des apparences irrégulieres & extraordinaires dans le Monde moral, auffi-bien que dans le Monde phyfique. On rendra peut-être mieux compte de ce qui fe

paſſe dans le premier après l'évènement, ſoit
par les principes que chacun a au-dedans de
ſoi, ſoit par l'obſervation commune, que je
regarde comme la preuve la plus forte; mais
ſouvent il eſt entièrement impoſſible à la prudence humaine de les prévoir ou de les prédire.

I. On croiroit que dans toute Aſſemblée
ou Conſeil ſuprême qui délibere, il eſt néceſſaire d'accorder à chaque Membre la liberté de la parole, & qu'on y doit écouter
tous les avis & raiſonnemens, qui peuvent
tendre de quelque maniere que ce ſoit à
éclaircir la matiere en délibération. On con-
cluroit encore avec une plus grande aſſûran-
ce, qu'après qu'un avis ouvert a été approu-
vé par cette Aſſemblée, dans laquelle réſide
la Puiſſance Légiſlative, le Membre qui a
ouvert cet avis doit être pour jamais à couvert de toute pourſuite.   Mais ce qui en Politique doit paroître indiſputable à la premiere vûe, c'eſt que du moins le Membre
doit être à l'abri de toute Juriſdiction infé-
rieure, & que ce même Tribunal ſuprème
de la Légiſlation, devroit en ce cas avoir
ſeul le droit de le rendre dans la ſuite reſpon-
ſable des Avis ou Harangues que l'Aſſemblée
auroit approuvées auparavant.   Cependant
ces Maximes, qui nous paroiſſent ſi incon-

teſtables, ont toutes été démenties par le Gouvernement Athénien, & de même par des principes & des cauſes qui paroîſſent prèſque inévitables.

Par le γραφὴ παρανόμων, ou *l'Accuſation d'illégalité* (quoique les Antiquaires & les Commentateurs n'en aient pas fait la remarque) on pouvoit dans une Cour de Juſtice ordinaire faire le Procès & infliger des peines à tout homme, pour avoir fait ſur ſon avis paſſer une Loi dans l'Aſſemblée du Peuple, ſi cette Loi paroîſſoit à cette Cour, injuſte & préjudiciable au Public. Ainſi Démoſthène trouvant que l'argent pour les Vaiſſeaux étoit levé irrégulierement, & que les pauvres portoient le même fardeau que les riches, en équipant les Galères, corrigea cet abus par une Loi très-utile, qui proportionnoit la depenſe au revenu de chaque Particulier.

Il propoſa cette Loi à l'Aſſemblée ; il en prouva tous les avantages (*a*) ; il convainquit le Peuple, le ſeul Légiſlateur d'Athènes, la Loi paſſa & fut exécutée : cependant on lui fit enſuite un Procès criminel pour cette Loi, ſur la plainte des Riches, qui

---

(*a*) Nous avons encore ſa Harangue ſur ce ſujet : περὶ Συμμορίας.

étoient fâchés du changement qu'il avoit introduit dans les Finances (*a*). Il fut, à la vérité, abſous en prouvant de nouveau l'utilité de cette Loi.

Ctéſiphon propoſa dans l'Aſſemblée du Peuple, de décerner des honneurs particuliers à Démoſthène, comme à un Citoyen affectionné & utile à la République. Le Peuple convaincu de cette vérité ordonna que les honneurs lui fuſſent déférés; cependant on fit enſuite un Procès à Ctéſiphon en vertu du γραφὴ παρανόμων.

Parmi les autres allégations il fut aſſûré que Démoſthène n'étoit pas un bon Citoyen, ni affectionné au bien du Peuple. L'Orateur fut appellé pour défendre ſon ami & par conſéquent lui-même, ce qu'il fit par cette ſublime pièce d'éloquence qui a toûjours fait depuis l'admiration du Genre humain.

Après la fatale bataille de Chæronée, ſur la propoſition d'Hypérides, on fit une Loi qui donnoit la liberté aux Eſclaves, & qui les enrôloit dans les Troupes (*b*). L'Ora-

---

(*a*) *Pro Cteſiphonte.*

(*b*) *Plut. in vita decem Oratorum.* Démoſthène donne une idée différente de cette Loi: il dit qu'elle avoit pour but de rendre les ἄτιμοι ἐπίτιμοι ou de rendre le privilège de pouvoir occuper des

teur fut recherché dans la fuite au fujet de cette Loi, par l'accufation ci-deffus mentionnée, & fe défendit entr'autres raifons par ce trait, dont Plutarque & Longin ont loué la beauté. „Ce n'eft pas moi, dit-il, „qui ai demandé cette Loi, c'eft la néceffité „des guerres, c'eft la bataille de Chæronée." Les Oraifons de Démofthène font remplies d'exemples de Procès de cette nature, & prouvent clairement que rien n'étoit plus commun.

La Démocratie Athénienne étoit un Gouvernement de populace, dont il eft difficile aujourd'hui de fe former une idée. Le Corps entier du Peuple raffemblé donnoit fon fuffrage pour chaque Loi, fans aucune limitation de biens, fans aucune diftinction de rang, fans dépendance d'aucune Magiftrature ou du Sénat, & par conféquent fans aucun égard à l'ordre, à la juftice & à la prudence.

Les Athéniens s'apperçurent bientôt des inconvéniens de cette Conftitution : mais comme ils avoient de la répugnance à s'impofer eux-mêmes aucune règle ou reftriction, ils fe réfolurent à la fin à contenir leurs Dé-

---

Charges à ceux qui en avoient été déclarés incapables. Peut-être ces deux articles étoient-ils dans la même Loi.

magogues ou Conseillers par la crainte des
recherches ou des punitions futures.   En
conséquence ils instituerent cette Loi remarquable, Loi si essentielle à leur Gouvernement, qu'Eschine avance, comme une vérité reconnue, que si cette Loi venoit à être
abolie ou seulement négligée, il seroit impossible à la Démocratie de subsister (*a*).
Le Peuple ne craignoit pas que l'autorité de
ces Cours criminelles pût porter aucune atteinte à la Liberté, parce que ces Juges qui
étoient très-nombreux, n'étoient que des Citoyens ordinaires que l'on choisissoit à chaque fois au sort d'entre le Peuple. Les Athéniens se regardoient eux-mêmes comme dans
un état de minorité, où ils avoient l'autorité
si-tôt qu'ils venoient à user de leur raison,
non-seulement de revoir & de rétracter tout
ce qui avoit été déterminé, mais de punir

(*a*) *In Ctesiphontem.*   Il est à remarquer que
le premier pas de la dissolution de la Démocratie,
par Critias & les Quarante, fut d'annuller le
γραφὴ παρανόμων ; comme nous l'apprenons de
Démosthène, κατα τιμοκ. L'Orateur, dans cette
Oraison, nous donne les termes de la Loi qui
établit le γραφὴ παρανόμων, *pag. 297. ex edit. Aldi.*
Et il part des mêmes principes que nous em-
ployons ici pour en rendre raison.

leurs Chefs pour des entreprifes où la Re-
publique s'étoit engagée à leur perfuafion.
La même Loi avoit lieu à Thèbes (*a*), &
pour les mêmes raifons.

Il paroît que ç'a été l'ufage à Athènes,
lors de la promulgation de toute Loi, qui
étoit jugée très-utile ou populaire, d'en défendre pour jamais l'abrogation. Ainfi le
Démagogue qui employoit tous les revenus
publics, à l'entretien des Jeux & des Spectacles, auroit déclaré Criminel, quiconque
eût ofé feulement propofer l'abolition de
cette Loi (*b*). Ainfi Leptinès demanda
qu'on établît une Loi, non-feulement pour
révoquer toutes les immunités anciennement accordées, mais pour priver le Peuple
à l'avenir du pouvoir d'en accorder davantage (*c*). Ainfi l'on défendit toutes les profcriptions (*d*) ou Loix, contre un Athénien,
qui ne feroient pas communes pour tous les
autres Membres de la République. Ces
caufes abfurdes, par lefquelles la puiffance
législative tâchoit de fe lier elle-même pour
jamais, ne pouvoient venir que de la con-

(*a*) *Plut. in vita Pelop.*
(*b*) *Demofth. Olynth. 1. 2.*
(*c*) *Demofth. contra Lept.*
(*d*) *Demofth. contra Ariftocratem.*

noiſſance générale que l'on avoit à Athènes de la légèreté & de l'inconſtance du Peuple.

II. Une Roue dans une roue, comme nous l'obſervons dans l'Empire d'Allemagne, eſt regardée par le Lord Shaftsbury, comme une abſurdité en Politique (*a*). Mais que devons-nous dire de deux roues égales qui gouvernent la même machine politique, ſans aucune dépendance ou ſubordination mutuelle, & qui cependant conſervent la plus grande harmonie? Si quelqu'un s'aviſoit de propoſer deux corps légiſlatifs diſtincts dont chacun poſſéderoit une pleine & entiere autorité, & n'auroit aucun beſoin de l'aſſiſtance de l'autre pour donner de la validité à ſes actes, cela paroîtroit d'avance impraticable auſſi long-tems que les hommes ſeront conduits par les paſſions de l'ambition, de l'émulation, & de l'avarice qui ſont les principes qui juſqu'ici les ont gouvernés. Si j'aſſurois que l'état que j'ai en vûe étoit diviſé en deux factions diſtinctes, dont chacune prédominoit dans une Légiſlation ſéparée, ſans que ces deux pouvoirs indépendans s'entrechoquaſſent; la ſuppoſition

______

(*a*) Eſſai ſur la Liberté de l'Eſprit, &c. *Part. III. Sect. 2.*

paroîtroit prèſque incroyable. Si pour ajoûter au Paradoxe, j'affirmois que ce Gouvernement quoique disjoint & irrégulier, étoit
la République la plus active, la plus conqué-
rante, & la plus illuſtre qui ait paru ſur le
Théatre du monde; on me droit certainement qu'une ſemblable chimere Politique eſt
auſſi abſurde qu'aucune viſion des Poëtes;
mais il ne faut pas chercher loin pour prouver la réalité des ſuppoſitions précédentes,
car c'étoit en effet le cas de la République
Romaine.

Chez elle le pouvoir législatif étoit placé
également dans les comices par Centuries &
les Comices par Tribus.   Dans les premiers,
comme tout le monde ſait, le Peuple donnoit ſes ſuffrages ſuivant le cens ou dénombrement, de ſorte, que lorſque la premiere
claſſe étoit unanime, comme cela arrivoit
communement, quoiqu'elle ne contînt pas
peut-être la centième partie de la République, elle ne laiſſoit pas de déterminer le
tout, & avec l'autorité du Sénat établiſſoit
une loi.   Dans les derniers, chaque ſuffrage
étoit pareil, & comme l'autorité du Sénat
n'y étoit pas requiſe, la Populace prévaloit
entièrement & donnoit des loix à tout l'Etat.
Dans toutes les diviſions de parti, d'abord

entre les Patriciens & les Plébéïens, enfuite, entre les Nobles & le Peuple; l'intérêt de l'Ariftocratie étoit prédominant dans la premiere Législation, celui de la Démocratie dans la feconde, l'une pouvoit toûjours détruire ce que l'autre avoit établi: il y a plus, l'une par une propofition foudaine & imprévue pouvoit prévenir l'autre, & anéantir totalement fa rivale par un fuffrage auquel la nature de la Conftitution donnoit la pleine autorité de Loi. Mais on ne remarque dans l'Hiftoire Romaine aucun débat de cette efpèce, aucune querelle entre les deux Puiffances législatives, quoiqu'il y en eût beaucoup entre les partis qui les gouvernoient. D'où a pu naître cette concorde qui doit paroître fi extraordinaire?

La Législation établie à Rome par l'autorité de Servius Tullius, étoit celle des Comices pas Centuries, qui après l'expulfion des Rois rendit le Gouvernement pour quelque tems prefque Ariftocratique; mais le Peuple ayant le nombre & la force de fon coté, & étant fier de fes fréquentes victoires & des conquêtes qu'il faifoit fur l'ennemi, l'emporta toûjours toutes les fois que les chofes en vinrent aux extrémités; il extorqua premierement du Sénat la Magiftrature

des Tribuns, & enſuite le pouvoir Législatif des Comices par Tribus. Il convenoit
alors aux Nobles d'être plus attentifs que jamais à ne pas provoquer le peuple : car outre la force dont les derniers étoient en poſ-
ſeſſion, ils avoient auſſi acquis celle de l'Autorité légale, & pouvoient à chaque inſtant
annuller tout Ordre & toute Inſtitution qui
leur étoit directement contraires. Les Nobles par intrigue, par influence, par argent,
par combinaiſon, & par le reſpect qu'on
avoit pour eux pouvoient ſouvent prévaloir
& diriger toute la machine du Gouvernement ; mais s'ils avoient mis ouvertement
leurs Comices par Centuries en oppoſition
aux Comices par Tribus, ils auroient bientôt perdu l'avantage de cette inſtitution, avec
les Conſuls, les Préteurs, les Ediles, & tous
les Magiſtrats dont l'élection en dépendoit;
tandis que les Comices par Tribus, qui n'a-
voient pas les mêmes raiſons pour ménager
ceux par Centuries, révoquoient ſouvent des
Loix favorables à l'Ariſtocratie; ainſi ils li-
miterent l'autorité des Nobles, ils protége-
rent le Peuple contre l'oppreſſion des Grands,
ils cenſurerent les actions du Sénat & des Magiſtrats. Les Comices par Centuries juge-
rent toûjours à propos de ſe ſoumettre, &

quoiqu'égaux en autorité fe trouvant inférieurs en puiffance, ils n'oferent jamais cho-
quer directement l'autre Puiffance législative,
foit en révoquant fes Loix, foit en établif-
fant eux-mêmes d'autres Loix, qu'ils pré-
voyoient bien que les Comices par Tribus
auroient enfuite annullées.

On ne trouve aucun exemple d'oppref-
fion ou de difpute entre ces Comices, excepté une petite altercation de cette efpèce
dont parle Appien dans le troifième Livre de
fes guerres Civiles. Marc-Antoine voulant
priver Décimus Brutus du Gouvernement de
la Gaule Cifalpine, monta à la tribune & appella les Comices par Centuries pour prévenir l'Affemblée des autres qui avoit été or-
donnée par le Sénat. Mais les affaires étoient
tombées alors dans une telle confufion, & la
Conftitution de la République étoit fi près
de fa derniere extrémité, qu'on ne peut rien
conclure de cet exemple. Cette contefta-
tion d'ailleurs étoit plutôt fondée fur la forme que fur la différence de parti. Le Sénat
avoit ordonné les Comices par Tribus, pour
empêcher l'affemblée de ceux par Centuries,
qui par la Conftitution, ou du moins par la
forme du Gouvernement, pouvoient difpo-
fer feuls des Provinces.

Les Comices par Centuries rappellerent Cicéron que ceux par Tribus avoient banni par un Plébifcite; mais il faut obferver que ce banniffement n'a jamais été regardé comme un acte légal, émané du choix libre & de l'inclination du Peuple. Il fut toûjours attribué à la feule violence de Clodius, & aux dèfordres qu'il avoit introduits dans le Gouvernement.

III. La troifième Coûtume que nous nous fommes propofés d'examiner regarde l'Angleterre (*a*), quoiqu'elle ne foit pas fi

---

(*a*) Le même Auteur releve ailleurs une contradiction apparente, qui fe trouve encore dans la Conftitution du Gouvernement Anglois. ,,Com-,,bien, dit-il, des Géniés, tels que Cicéron ou ,,Tacite, n'auroient-ils pas été furpris, fi on leur ,,avoit dit que dans les fiècles à venir, il fe for-,,meroit un fyftème de Gouvernement mixte où ,,l'autorité feroit diftribuée de maniere qu'un des ,,Ordres pourroit, toutes les fois qu'il lui plairoit, ,,dépouiller les autres & s'emparer de tout le pou-,,voir de la Conftitution! Un pareil Gouverne-,,ment, auroient-ils répondu, ne fera pas un Gou-,,vernement mixte; car l'ambition naturelle des ,,hommes eft fi grande, que rien ne peut l'affou-,,vir: & s'il eft de l'intérêt de l'un de ces Ordres, ,,d'ufurper les différentes parties du pouvoir qui ,,auront été confiées à chacun des autres, cet Or-

importante que celles d'Athènes & de Rome,

***

„dre le fera certainement, & se rendra, autant
„qu'il sera possible, absolu & indépendant."

  „Cependant l'expérience prouve qu'à cet égard
„ils se seroient trompés, car c'est là précisément le
„cas de la Constitution du Gouvernement Anglois.
„La portion de puissance qu'elle donne à la Cham-
„bre des Communes est si grande, que cette Cham-
„bre est Maîtresse absolue de toutes les autres par-
„ties du Gouvernement. Le pouvoir législatif du
„Prince n'est pas une barriere suffisante pour la
„contenir ; car quoique le Roi ait la Négative
„pour la Sanction de toutes les Loix, ce privilège
„est en effet reconnu pour être si peu important,
„que tout ce qui est arrêté par les deux Chambres
„est toûjours sûr de passer comme une Loi. Le
„consentement du Roi n'est presque autre chose
„qu'une pure formalité. Le principal poids de
„la Couronne est dans le pouvoir exécutif : mais
„outre que le pouvoir exécutif dans tout Gouver-
„nement, est toûjours subordonné au pouvoir lé-
„gislatif, l'exercice de cette puissance demande
„une dépense immense, & les Communes se font
„attribuées à elles-mêmes le seul pouvoir de dispo-
„ser de l'argent. Combien donc ne seroit-il pas
„facile à cette Chambre, de dépouiller la Cou-
„ronne de tous ses privilèges l'un après l'autre, en
„rendant chaque concession d'argent conditionelle,
„& en choisissant si bien son tems, que le refus de
„subsides, ne feroit qu'embarrasser le Gouverne-
„ment, sans donner aux Puissances étrangeres au-

dont nous venons de parler, elle n'eſt ni

„cun avantage ſur nous? Si la Chambre des Com-
„munes dépendoit du Roi de la même maniere, ſi
„ancun de ſes Membres ne poſſédoit rien qu'à ti-
„tre de Don du Roi, leurs réſolutions ne dépen-
„droient-elles pas auſſi de ſes ordres, & de ce mo-
„ment ne ſeroit-il pas totalement le Maître? Quant
„à la Chambre des Seigneurs, ils ne ſont un ſoû-
„tien puiſſant pour la Couronne, qu'auſſi long-
„tems qu'elle-même fait le leur: mais l'expérien-
„ce & la raiſon nous prouvent également qu'ils
„n'ont ni force, ni autorité, pour ſe ſoûtenir ſeuls
„eux-mêmes & ſans un pareil appui."

„Comment trouverons-nous donc la ſolution
„de ce Paradoxe? Par quels moyens ce Membre
„de notre Conſtitution eſt-il contenu dans ſes pro-
„pres limites, puiſque par la nature de notre Con-
„ſtitution même, il doit néceſſairement avoir tout
„le pouvoir qu'il demande, & qu'il ne reconnoît
„de bornes que celles qu'il ſe fixe lui-même? Com-
„ment accorder une pareille puiſſance avec l'expé-
„rience de la Nature humaine? Je répons que l'in-
„térêt de tout le Corps eſt ici reſtraint par l'intérêt
„de chaque individu, & que la Chambre des Com-
„munes n'excède pas ſon pouvoir, parce qu'une
„pareille uſurpation ſeroit contraire à l'intérêt de
„la plus grande partie de ſes Membres.   La Cour
„a tant d'Emplois à ſa diſpoſition, que lorſqu'el
„le ſera ſecondée par la partie honnête & déſinté-
„reſſée de la Chambre, elle décidera toûjours les
„réſolutions de tout le Corps, du moins en tout

moins finguliere, ni moins remarquable. C'eft une maxime que l'on n'a jamais difputée en Politique, & qui eft reçue comme univerfelle, qu'une Puiffance quelque grande qu'elle foit, lorfqu'elle eft accordée par la Loi à un Magiftrat éminent, n'eft pas fi dangereufe pour la Liberté qu'une autorité quelque foible qu'elle puiffe être, qu'il acquiert par la violence & par l'ufurpation: car outre que la Loi limite toûjours le pouvoir qu'elle accorde ; le recevoir comme une conceffion, c'eft établir l'autorité dont il dérive, & cela fuffit pour conferver l'harmonie de la Conftitution. Par le même droit que l'on s'arroge une prérogative fans la Loi, on peut en prétendre une autre, & puis encore

---

„ce qui ne portera aucune atteinte à l'ancienne „Conftitution. Ainfi nous pouvons donner à „cette influence le nom qu'il nous plaira, nous „pouvons l'appeller *Corruption* ou *Dépendance ;* „mais il faut qu'il y en ait toûjours quelque degré, „de quelque efpèce que ce foit, par la Nature mê„me de notre Conftitution, & pour conferver la „forme de notre Gouvernement mixte."

Effays Moral and Philofophical. London, 1748.

Ces principes font bien différens de ceux de tant d'Auteurs qui ont écrit contre la Cour & les Miniftres, & du moins comme ils font plus modérés, paroiffent plus raifonnables.

une

une autre avec une plus grande facilité. La premiere usurpation sert d'exemple pour la seconde, & donne de la force pour maintenir l'une & l'autre. De-là l'Héroïsine d'Hampden qui soûtint toute la violence de la persécution Royale, plutôt que de payer une Taxe de vingt schelings qui n'étoit pas imposée par le Parlement. De-là le soin qu'a tout Anglois qui aime sa Patrie, de s'opposer à toutes les usurpations de la Cour. C'est à ce principe seul, enfin, que l'on doit la Liberté dont on jouït aujourd'hui en Angleterre.

Il y a cependant une occasion où le Parlement s'est éloigné de cette maxime (*a*); c'est en ce qui regarde l'enrolement forcé des Matelots. On permet ici facilement à la Cou-

---

(*a*) ,, Le Bill qui permet l'enlevement des Ma-
,, telots qui sont sur des Vaisseaux Marchands, n'est
,, pas de la même espèce: il porte sur la liberté du
,, Commerce, interrompt & arrête des entreprises
,, avantageuses, & peut décourager le Négociant
,, incertain s'il aura un équipage suffisant pour
,, l'exécution de son projet. Il est vrai que la Loi
,, de l'Etat est au-dessus de la Loi ordinaire, &
,, qu'elle est toûjours juste lorsqu'elle part de l'au-
,, torité légitime, mais la sage Politique doit pré-
,, venir les injustices particulieres, &c."

M. MELON, *Chapitre XI. De la Liberté du Commerce.*

ronne l'exercice d'un pouvoir contre les Loix, & quoiqu'on ait louvent déliberé fur les moyens de le rendre légitime, & fous quelles reftrictions on pourroit l'accorder au Roi, on n'a encore pû propofer aucun expédient fûr pour parvenir à cette fin, & il a toûjours paru que la Loi mettroit la Liberté en plus grand danger que l'ufurpation. Lorfque le pouvoir n'eft exercé que pour armer la Flotte, les hommes s'y foûmettent volontiers, par la perfuafion où ils font de fon avantage & de fa néceffité : Les Matelots, les feuls fur qui s'exerce une pareille contrainte, ne trouvent perfonne qui prenne leur parti, lorfqu'ils réclament des droits & des privilèges que la Loi accorde à tous les Sujets Anglois, fans aucune diftinction. Mais fi dans quelque occafion, un Miniftre faifoit fervir ce pouvoir à foûtenir fa faction & fa tyrannie ; la faction oppofée, ou plutôt tous ceux qui aiment leur Pays prendroient bientôt l'alarme & foûtiendroient le Parti opprimé. La Liberté des Anglois feroit maintenue ; les Jurés feroient implacables, & les inftrumens de la Tyrannie, qui auroient agi contre la Loi & l'équité, feroient livrés à la vengeance publique. De l'autre côté, fi le Parlement accordoit au Roi

un pareil pouvoir, on tomberoit probablement dans l'un de ces deux inconvéniens;
ou bien, en le lui donnant, on y mettroit
tant de reftrictions qu'il perdroit fes effets en
gênant l'autorité de la Couronne, ou bien
on le rendroit fi étendu, qu'il en pourroit
fuivre de grands abus, pour lefquels en ce
cas il n'y auroit pas de remèdes. L'illégalité même du pouvoir à préfent prévient ces
inconvéniens par la facilité des remèdes
qu'elle fournit.

Je ne prétens pas exclure par ce raifonnement toute poffibilité d'un Réglement pour
les Matelots, qui pourvoiroit à l'armement
de la Flotte, fans être dangereux pour la Liberté (*a*). J'obferve feulement que l'on n'a

---

(*a*) „Ces Maximes s'appliquent aux Matelots
„Anglois, qui n'ont pris aucun engagement par-
„ticulier, pour fervir l'Etat dans cette profeffion,
„& qui pourtant s'y trouvent forcés arbitraire-
„ment. Une fage Législation exigeroit de cha-
„que Matelot de fervir à fon tour dans les occa-
„fions marquées: alors ils ne feroient Matelots
„qu'à cette charge, qu'ils partageroient égale-
„ment avec tous les autres: c'eft ainfi qu'en Fran-
„ce ils font enclaffés, & volontairement affujettis
„aux Corvées néceffaires de la Marine, fans blef-
„fer la juftice particuliere."

B ij

pas encore préſenté aucun Plan de cette nature qui ait pû ſatisfaire, & que plutôt que
d'adopter aucun de ceux qui ont été imagi-
nés juſqu'ici, nous ſuivons un uſage en apparence le plus abſurde & le plus déraiſon-
nable. La Puiſſance, dans les tems d'une
pleine Paix intérieure, eſt armée contre la
Loi. Une uſurpation ouverte & continue eſt
permiſe à la Couronne, au milieu de la plus
grande jolouſie & de la plus grande vigilance
de la part du Peuple. La Liberté, dans le
Pays de la plus grande Liberté, eſt entiére-

M. MELON *indique là un expédient qui ne peut
être ignoré des Anglois, & auquel probablement ils
auroient eu recours dès long-tems, ſi le remède ne
leur avoit paru plus dangereux que le mal. Ce qui eſt
avantageux dans une ſorte de Gouvernement, devient ſouvent tout le contraire dans un autre. On
craint en Angleterre tout ce qui peut augmenter la
puiſſance du Roi ; c'eſt par cette raiſon qu'il n'y a
point de Maréchauſſées, dont l'établiſſement en
France a rendu les grands chemins ſi ſûrs. Tous les
déſordres, qui arrivent par les Voleurs qui infeſtent
l'Angleterre, paroîſſent aux Anglois un moindre mal
que celui dont ils ſe croiroient menacés par ce nombre d'Hommes armés qui ſeroit à la diſpoſition du
Souverain ; car il ne ſeroit pas non plus de l'intérêt
du Roi de permettre que cette Troupe dépendît du
Parlement.*

ment abandonnée à sa propre défense, sans appui, sans protection.

L'état sauvage de la Nature est renouvellé au milieu d'une des Sociétés les plus civilisées du Genre humain. De grandes violences & toutes sortes de désordres se commettent avec impunité, parmi le Peuple qui a le plus de douceur & d'humanité, tandis que l'un des Partis exige l'obéissance au suprème Magistrat, & que l'autre réclame en sa faveur les Loix fondamentales de l'Etat.

DISCOURS X.

De la Population des Nations anciennes (a).

Il y a peu de fondement, soit par la raison ou par l'expérience, de croire l'Univers éternel & incorruptible. Le mouvement

---

(a) Un Ecclésiastique recommandable d'Edimbourg ayant écrit il y a quelques années un Discours sur la même question que celui-ci, a bien voulu dernierement le communiquer à l'Auteur. Il soûtient l'avis diamétralement opposé à celui que l'on embrasse ici, & son Ouvrage est rempli d'érudition & de raisonnemens solides.

L'Auteur avoue avoir emprunté de ce Discours, à quelques changemens près, deux calculs, dont l'un regarde les Habitans de l'ancien *Belgium* (la Flandre); l'autre regarde ceux de l'Epire. Si ce savant Ecclésiastique veut consentir à publier sa Dissertation, elle servira à jetter un grand jour sur cette question, la plus curieuse & la plus importante de toutes celles d'érudition.

Cette Dissertation a depuis été imprimée & vient d'être traduite en François par M. DE JONCOURT, *Professeur de Langues Etrangeres à Paris. Elle est de* M. R. WALLACE, *Chapelain de Sa Majesté Britannique & Membre de la Société Philosophique d'Edimburg. Elle est intitulée:* ESSAI SUR LA

rapide & continuel de la matiere, les révolutions violentes qui agitent chaque partie, les changemens remarquables dans le Ciel, les traces viſibles, auſſi-bien que la tradition d'un Déluge univerſel, ou d'une convulſion générale des Elémens, tout concourt à nous prouver fortement la mortalité de cette fabrique du Monde, & ſon paſſage par corruption ou par diſſolution, d'un état à un autre.   Il faut donc qu'il ait ſucceſſivement ſon enfance, ſa jeuneſſe, ſon âge viril & ſa

DIFFERENCE DU NOMBRE DES HOMMES dans les Tems Anciens & Modernes, dans lequel on établit qu'il étoit plus conſidérable dans l'Antiquité. A Londres, 1724.

M. WALLACE *a grande raiſon d'aſſûrer que,* „l'éclairciſſement de ce fait eſt d'une très-grande „importance ;   qu'il eſt très-étroitement lié à la „plus profonde politique & à la plus intime Con- „ſtitution de la Société humaine." *En effet, la Queſtion touchant le Nombre des hommes dans les tems Anciens & Modernes, & ſous les différens Gouvernemens de l'Antiquité, ou de ces derniers ſiecles, ne doit pas être regardée comme un objet de pure curioſité ; mais comme un de ceux qui touchent de plus près au bien du Genre humain, puiſque la plus forte préſomption, en faveur des Coûtumes & de la Politique d'un Gouvernement, eſt lorſque, toutes choſes égales, ce Gouvernement eſt en état de produire & de maintenir un plus grand nombre de Sujets.*

vieilleſſe, auſſi-bien que chaque Individu qu'il contient, & il eſt probable que l'Homme, de même que les Animaux & les Végétaux, aura part à toutes ces variations.

Dans l'âge floriſſant du Monde, l'eſpèce humaine doit poſſéder une plus grande vigueur d'eſprit & de corps, & par conſéquent une ſanté plus heureuſe, des eſprits plus animés, une plus longue vie, un penchant plus fort & plus de puiſſance pour la génération. Mais ſi le ſyſtème général des choſes, & par la même raiſon, la Société humaine éprouvent de ces révolutions graduelles, elles ſont trop lentes, pour pouvoir être diſcernées dans cette courte période que renferment l'Hiſtoire & la Tradition. La ſtature & la force du corps, la longueur de la vie, le courage même & l'étendue du génie, paroîſſent juſqu'ici avoir été naturellement à peu près les mêmes dans tous les Siècles.

Les Arts & les Sciences, à la vérité, ont fleuri dans un tems & ont déchu dans un autre: mais nous pouvons obſerver que dans celui même où ces Arts ont été portés chez un Peuple à la plus grande perfection, ils étoient peut-être entièrement ignorés de toutes les Nations voiſines, & que quoiqu'ils ſoient univerſellement tombés dans un Siècle;

cependant dans la génération fuivante, ils fe
font encore relevés, & fe font répandus dans
tout le monde. Auffi loin donc que l'obfervation peut s'étendre, on ne difcerne aucune différence univerfelle dans l'efpèce humaine; & quand il feroit prouvé que l'Univers,
de même qu'un corps animal, a un progrès
naturel de l'Enfance à la Vieilleffe; cependant
comme il eft toûjours douteux s'il avance à
préfent vers fa perfection, ou fi au contraire
il s'en éloigne, nous ne pouvons conclure
de-là qu'il foit encore arrivé aucune décadence dans la Nature humaine (*a*). Ainfi tout
homme qui raifonne jufte, aura peine à ad-

(*a*) Columelle dit, *Liv. 3. Chap. 8.* qu'en Egypte
& en Afrique, il étoit très-fréquent & mê-
me ordinaire aux Femmes d'accoucher de deux
Enfans. *Gemini Partus familiares ac pœne folemnes
funt.* Si la chofe étoit vraie, il y auroit une différence phyfique & dans les climats & dans les fiècles; car les Voyageurs d'aujourd'hui n'ont rien
remarqué de femblable au fujet de ces Pays-là.
Au contraire, on fuppofe communément qu'il y a
plus de fécondité dans les Pays du Nord. Comme
l'Egypte & l'Afrique étoient deux Provinces de
l'Empire Romain, il eft difficile, quoiqu'il ne foit
pas abfolument impoffible, qu'un homme, tel
que Columelle, ait pû fe tromper fur ce qui les
regarde.

mettre les preuves d'une plus grande Population dans l'Antiquité, que l'on voudroit tirer de la vigueur & de la jeunesse imaginaires du Monde. Les causes générales Physiques doivent être exclues de cette question.

Il y a, à la vérité, quelques causes physiques particulieres de grande importance. Il est fait mention dans l'Antiquité de Maladies qui sont prèsque inconnues à la Médecine moderne : Depuis il s'en est répandu de nouvelles, dont on ne trouve aucune trace dans l'ancienne Histoire (*a*). En faisant cette comparaison, nous pouvons observer que le dèsavantage est entierement du côté des Modernes ; sans parler de quelques autres Maladies de moindre importance, la Petite Vérole commet de si grands ravages, qu'ils suffiroient seuls pour rendre compte de la différence qui se trouve aujourd'hui entre la maniere dont la Terre est peuplée, & celle

(*a*) La petite Vérole semble n'avoir paru dans le monde que vers le tems de Mahomet. Le premier qui en fait mention, est un certain Aaron, Prêtre & Médecin d'Alexandrie en Egypte, qui fleurissoit l'an 622. elle n'a été connue en Europe des Médecins Grecs qu'après l'an 640. Tout le monde sait que le mal de Naples parut pour la premiere fois en Europe au siège de Naples en 1493.

dont on suppose qu’elle l’étoit autrefois. La dixième ou la douzième partie du Genre humain détruite à chaque génération, ne peut manquer de faire une prodigieuse diminution dans le nombre des Hommes (*a*). Que sera-ce si nous parlons de ceux qui périssent par les Maladies Vénériennes, cette nouvelle Peste répandue par tout? Ce mal par ses opérations constantes est peut-être équivalent aux trois plus grands fleaux du Genre humain, la Guerre, la Peste & la Famine. Si donc il étoit

---

(*a*) C’est le Docteur J u r i n, qui en comparant les Bills de Mortalité dans Londres pendant quarante-deux ans, a montré que dans cette Capitale & aux environs, un douzième à peu près de ceux qui naissent, meurt de cette maladie. Voyez *l’Abrégé des Transactions Philosophiques, Vol.7. pag. 61.* Mais cette proportion pourroit bien n’être pas la même par toute l’Europe. Il est prouvé que dans les Provinces les plus Septentrionales de l’Angleterre, telles que celle d’Yorck, & à Boston, Colonie Angloise, le nombre de ceux qui meurent de cette maladie est encore plus fort, & par conséquent il est à présumer que dans les Pays de l’Europe les plus Méridionaux, le nombre de ceux que la petite Vérole fait périr, doit être au contraire beaucoup moins considérable ; & en effet, en France, proportion gardée, elle ne fait pas les mêmes ravages en Provence ou dans le Languedoc, qu’à Paris.

certain que dans les anciens tems la Terre
étoit plus peuplée qu'elle ne l'eſt à préſent,
ſans que l'on puiſſe trouver des cauſes mora-
les d'un ſi grand changement, pluſieurs pen-
ſent qu'il ſuffiroit de ces cauſes phyſiques pour
nous ſatisfaire ſur ce Chapitre.

Mais eſt-il certain que les Nations Anciennes étoient auſſi peuplées qu'on le prétend?
On ne connoît que trop les extravagances de
Voſſius à ce ſujet (*a*).   Un Auteur de beaucoup plus de génie & de diſcernement que
lui, a oſé aſſurer que ſuivant les meilleurs
calculs dont de pareilles matieres ſoient ſuſ-
ceptibles, il n'y a pas aujourd'hui la cin-
quantième partie du Genre humain ſur la
Terre, qui y étoit du tems de Jules Céſar (*b*).

(*a*) Conſéquemment à ſon ſyſtème, il réduit
le nombre des Habitans de l'Europe de ſon ſiècle à
trente millions.   Il en donne le calcul, où il éva-
lue celui des Habitans de la France à cinq millions;
eſtimation qui s'éloigne ſi fort de la vérité, qu'elle
ſuffit ſeule pour faire ſentir le faux & le ridicule
de ſes autres calculs.   La France paſſe pour avoir
vingt millions d'hommes, & ceux qui lui en donnent le moins lui en accordent ſeize.

(*b*) Lettres Perſanes.   Voyez auſſi l'Eſprit des
Loix, *Livre XXIII. Chap. 17. 18. & 19.*

C'eſt dans la cent huitième des Lettres Perſanes
que M. le Préſident DE MONTESQUIEU avance

On doit bien fe douter que les comparaifons
en ce cas ne peuvent être que très imparfai-
tes, même en nous confinant dans les bornes
de l'ancienne Hiftoire ; l'Europe & les Pays
fitués autour de la Mer Méditerranée. Nous
ne connoîffons pas exactement le nombre
d'Hommes d'aucun Royaume de l'Europe
d'à préfent, pas même d'aucune Ville. Comment pouvons-nous prétendre de calculer celui des Villes & des Etats de l'Antiquité, dont
les Hiftoriens nous ont laiffé des traces fi im-
parfaites ? Quant à moi, la chofe me paroît
fi problématique, que comme j'ai deffein de

---

ce fentiment, & l'appuie moins fur des calculs ha-
fardés, que fur des faits dont l'évidence paroît
frappante.   Qu'il me foit permis d'ajoûter ici que
fi M. Hume a quelques raifons de révoquer en
doute le témoignage des Hiftoriens, qui fouvent
exagerent ou fe contredifent, il eft difficile de fe
refufer à celui des Monumens qui fubfiftent encore, & qui femblent dépofer contre lui & en faveur
de ceux dont il entreprend de réfuter les opinions.
Si l'autorité de Diodore de Sicile eft fufpecte, celle des Pyramides d'Egypte ne l'eft pas.   Le Colli-
fée, où près de cent mille hommes pouvoient être
affis à un Spectacle, donne plus d'idée de l'immen-
fité de la Ville de Rome, que tout ce que les Hiftoriens en ont écrit.   Quelles Villes que Perfépo-
lis, que Palmyre, à en juger par les ruïnes !

haſarder quelques réflexions à ce ſujet, je crois devoir mêler aux recherches concernant les cauſes, celles concernant les faits.

Nous conſidérerons prémièrement, s'il eſt probable, par ce que nous connoîſſons de la ſituation de la Société dans les tems Anciens ou dans ceux d'aujourd'hui, que l'Antiquité ait été beaucoup plus abondante en Peuples; ſecondement, ſi réellement elle l'étoit: Au cas que je puiſſe faire voir que la concluſion eſt moins certaine qu'on ne le prétend en faveur de l'Antiquité; j'obtiens tout ce que je ſouhaite.

En général, nous devons remarquer que la queſtion à l'égard de l'abondance comparative de Peuple dans tels Siècles, ou dans tels Royaumes, entraîne de très-grandes conſéquences, & communement détermine la préférence de leur Politique, de leurs mœurs, & de la Conſtitution de leur Gouvernement: car comme il y a dans tous les individus & de l'un & de l'autre Sexe, un déſir & un pouvoir de génération plus actifs qu'ils ne ſont univerſellement exercés, ce qui y met obſtacle, ne peut venir que de la ſituation embaraſſée des Hommes qu'il appartient à un Gouvernement ſage d'obſerver ſoigneuſe-

ment & d'éloigner (*a*).   Tout homme d'ordinaire qui croit pouvoir entretenir une famille, veut en avoir une. A partir de ce principe pour la propagation, l'espèce humaine
feroit plus que doubler à chaque génération,
si chacun se marioit aussi-tôt qu'il parvient à
l'âge de Puberté. Avec quelle promptitude
les Hommes ne multiplient-ils pas dans chaque Colonie & dans tout nouvel établissement où il est aisé de pourvoir aux besoins
d'une famille, & où l'on n'est pas gêné & as-
sujetti comme dans les Gouvernemens établis
depuis long-tems. L'Histoire nous parle souvent de pestes qui ont emporté la troisième
ou la quatrième partie d'un Peuple; cepen-

(*a*) L'Auteur des *Remarques sur les Avantages
& les Dèsavantages de la France & de la Grande-
Bretagne par rapport au Commerce, &c.* fait sen-
tir en peu de paroles toute la justesse de cette Réflexion.

„C'est en proportion du nombre des hommes
„qu'il possède, qu'un Etat peut être estimé plus
„puissant: c'est en proportion du nombre de ses
„hommes, que ses terres peuvent être mieux cul-
„tivées; que les bras qui manufacturent, & les
„bras qui le defendent sont plus nombreux; que
„les Taxes & les charges sont moins pésantes sur
„chacun."

§. V. *Page 266. de la seconde Edition.*

dant dans une génération ou deux, on ne s'ap-
percevoit plus de la deſtruction, & la Société ſe trouvoit remontée à ſon premier nombre. Les terres qui étoient cultivées, les mai-
ſons bâties, les denrées communes, & les richeſſes acquiſes mettoient ceux qui avoient
échappé en état de ſe marier immédiatement,
& d'élever des familles qui prenoient la place
de celles qui avoient péri (*a*). C'eſt par une
raiſon ſemblable que tout Gouvernement ſage, juſte & doux, en rendant la condition de
ſes ſujets ſûre & aiſée, ſera toûjours le plus
abondant en Peuple, auſſi-bien qu'en commodités & en richeſſes. Un Pays, à la vérité,
dont le climat & le ſol ſont propres pour les
Vins, ſera naturellement plus pleuplé qu'un
qui ne produit que du blé, & celui-ci le ſera
auſſi plus qu'un autre dont les pâturages ſeroient l'unique richeſſe. Mais en ſuppoſant

---

(*a*) C'eſt par cette même raiſon que la petite
Vérole ne dépeuple pas autant les Pays qu'on l'i-
magineroit à la premiere vûe. Où il y a place
pour plus de Peuple, il augmentera toûjours, ſans
le ſecours des Actes de Naturaliſation.

Don Geronymo de Uztariz, a remar-
qué que les Provinces d'Eſpagne, qui envoient le
plus de Peuple aux Indes, ſont les plus peuplées,
ce qui vient de la ſupériorité de leurs richeſſes.

toute chofe égale, on doit s'attendre naturellement qu'où fe trouve le plus de bonheur
& de vertu avec le Gouvernement le plus fage, il doit y avoir auffi le plus de Peuple.

Cette queftion donc qui regarde la Population des tems anciens & modernes, étant
reconnue pour être de la plus grande importance, il eft néceffaire pour que nous puif-
fions déterminer quelque chofe, de confidérer la fituation Domeftique & Politique de
ces deux Périodes de tems, afin que l'on juge
des faits par leur caufe morale, ce qui eft la
premiere vue dans laquelle nous nous fommes propofé de les confidérer.

La principale différence entre l'économie
domeftique des Anciens & celle des Modernes, confifte dans la pratique de l'Efclavage
qui avoit lieu autrefois, & qui depuis quelques fiècles a été abolie dans la plus grande
partie de l'Europe. Quelques gens, admi-
rateurs paffionés des Anciens, & zélés Partifans de la Liberté civile (car ces fentimens,
comme dans leur principe, ils font extrêmement juftes, fe trouvent être auffi prèfque
inféparables) ne peuvent s'empêcher de re-
gretter la perte de cette inftitution, & tandis
qu'ils diffament toute foûmiffion au Gouvernement d'une feule perfonne, du nom odieux

d'Esclavage, ils soûmettroient volontiers la plus grande partie du Genre humain à une sujettion & à un Esclavage réel. Mais celui qui considere les choses de sang-froid, trouvera que la Nature humaine en général jouït réellement de plus de Liberté, dans les Gouvernemens même les plus arbitraires de l'Europe, qu'elle n'en a jamais jouï dans les plus florissantes Périodes des anciens tems.

Autant la soûmission à un petit Prince, dont le Domaine ne s'étend pas au-delà d'une seule Ville, est plus à charge que l'obéissance à un grand Monarque; autant l'Esclavage domestique est plus cruel & plus oppressif, qu'aucune sujettion civile quelle qu'elle soit. Plus le Maître est éloigné de nous en distance & en dignité, plus nous avons de liberté, moins nos actions sont examinées & contrôlées, & plus cette cruelle comparaison que nous sommes obligés de faire entre notre propre sujettion & la liberté, ou même l'empire qu'un autre a sur nous, devient foible. Ce qui subsiste encore d'Esclavage domestique dans nos Colonies, & parmi quelques Nations Européennes, ne doit sûrement pas faire désirer qu'il devint plus général (a). Le

____

(a) „Il est un plus beau spectacle à offrir, c'est

peu d'humanité que l'on obſerve communement dans des perſonnes accoûtumées dès
leur enfance à exercer une ſi grande autorité ſur des Créatures, leurs ſemblables, & à
fouler aux piés la Nature humaine, ſuffiroit
ſeule pour nous dégoûter de cette autorité.
La raiſon la plus probable que l'on puiſſe
donner de la ſévérité, je pourrois dire de la

„la ſageſſe du Réglement de Louis XIV. dans le
„Code Noir, en faveur de ces malheureux.”

*Cette Loi ſi ſage, dont parle M. MELON, pour-
roit bien être dans le cas de tant d'autres que nous
avons en France qui ne le ſont pas moins, & qui ſont
ſi mal exécutées. Il n'y a pas apparence que les
Eſclaves ſoient mieux traités dans nos Colonies que
dans celles d'Angleterre, Les Loix ont beau être humaines, il n'eſt que trop vrai que l'intérêt particulier
rend les hommes barbares toutes les fois qu'ils peuvent l'être impunement. J'ai déja eu la bonne foi
d'avouer que M. MELON a avancé plus d'un Paradoxe dans ſon Eſſai ſur le Commerce. Voilà l'inconvénient des eſprits ſyſtématiques ; ils n'enviſagent
les choſes que du côté qui leur eſt favorable. L'Eſcla
vage, tout pernicieux qu'il étoit pour la Société,
avoit quelques effets heureux, M. MELON les exagere & exténue les ſuites mille fois plus funeſtes qu'il
entraînoit néceſſairement : il propoſe de rétablir
l'Eſclavage ancien, tandis que ce qu'il en reſte ſur la
terre la dépeuple continuellement, & dégrade par-
tout l'humanité.*

C ij

barbarie des Mœurs de l'ancien tems, est cette pratique de l'Esclavage domestique, par laquelle chaque homme de quelque considération devenoit un petit Tyran, par l'éducation qu'il recevoit au milieu de la flatterie, de la soûmission & de l'avilissement de ses Esclaves.

Suivant la pratique des Anciens, toutes les précautions étoient contre les inférieurs pour les retenir dans le devoir & la soûmission; ils n'en avoient aucune contre les supérieurs, pour les engager aux devoirs réciproques de douceur & d'humanité (*a*). Dans

---

(*a*) „Une pareille Constitution requéroit des „Loix particulieres & très-séveres pour prévenir „le traitement barbare de ces Maîtres inhumains: „cependant, après un plus mur examen, nous „trouverons peut-être que la vie des Esclaves n'é- „toit pas aussi misérable que l'on se la figure au „premier coup d'œil."

M. WALLACE, *Essai sur la différence du nombre des Hommes.*

On voit par-là que ce savant Auteur Anglois a adopté les principes de M. MELON sur l'Esclavage, quoiqu'il soit forcé d'avouer: „Qu'il est dif- „ficile, pour ne pas dire impossible, à tout hom- „me qui a quelque humanité, de se faire à l'insti- „tution d'un Esclavage domestique, & que quel- „que avantage particulier qui l'accompagne, on

nos tems modernes, un mauvais Domeftique ne trouve pas aifément un bon Maître,
ni un mauvais Maître, un bon Domeftique.
Les uns & les autres font contenus mutuellement, conformément aux loix inviolables
& éternelles de la raifon & de l'équité.

La coûtume d'expofer les Efclaves vieux,
inutiles ou malades, dans une Isle du Tibre,
pour y mourir de faim, paroît avoir été affez
commune à Rome; quiconque en réchap-
poit, après avoir été ainfi expofé, étoit déclaré libre par un Edit de l'Empereur Claude,
par lequel il eft auffi défendu de tuer aucun
Efclave uniquement pour caufe de vieilleffe
ou de maladie (a). Mais fuppofons que perfonne ne dèfobéit à cet Edit, pouvoit-il ren-

------

„ne fauroit y penfer fans une vive compaffion, &
„une efpèce d'horreur fecrette. A Dieu ne plaife,
„dit-il, que je devienne jamais l'Apologifte de
„l'Efclavage Eccléfiaftique, Civil ou Domefti-
„que, &c.” Sans relever l'efpèce de contradiction
qui fe trouve dans ces différens paffages de M.
WALLACE, ainfi que dans ce que M. MELON a
écrit fur le même fujet, il me paroît que M. HUME
a très-bien répondu aux raifons de l'un & de l'autre, & qu'il eft difficile de rien oppofer à la foli-
dité des fiennes.

(a) Suétone, dans la Vie de Claudius.

dre meilleur le traitement Domeſtique des Eſclaves ? leur vie en devoit-elle être beaucoup plus douce ? Nous pouvons imaginer ce que faiſoient les autres, lorſque c'étoit la maxime connue de Caton l'Ancien, de vendre ſes Eſclaves ſurannés à quelque prix que ce fût, plutót que de les entretenir dans un tems où il ne les regardoit plus que comme un fardeau inutile (*a*).

Ces eſpèces de priſons particulieres que les Romains appelloient *Ergaſtula*, où à force de coups on faiſoit travailler les Eſclaves enchaînés, étoient très-communes dans toute l'Italie : Columelle conſeille de les bâtir toûjours ſous terre (*b*), & recommande (*c*), comme le devoir d'un ſurveillant prudent, d'appeller tous les jours chaque Eſclave par ſon nom, ainſi que cela ſe pratique à la revue d'un Régiment, afin que ſi quelqu'un d'eux vient à déſerter, on le ſache auſſi-tôt. Une preuve de la multitude de ces ſortes de priſons, & du grand nombre d'Eſclaves qui y étoient renfermés, c'eſt ce que dit Tite-Live: *Partem Italiæ Ergaſtula à ſolitudine vindicant.*

(*a*) Plutarque, dans la Vie de Caton.
(*b*) Liv. I. Chap. 6.
(*c*) *Id.* Liv. II. Chap. I.

Il étoit ordinaire à Rome d'avoir pour Portiers des Efclaves enchaînés, comme il paroît par Ovide & par d'autres Auteurs (*a*). Si les Romains n'euffent dépouillé tout fentiment de compaffion pour cette partie malheureufe de leur efpèce, auroient-ils à l'entrée de leurs maifons (*b*) préfenté à leurs amis, une pareille image de la févérité du Maître, & de la mifere de l'Efclave?

Rien n'étoit fi commun, dans tous les Procès, même en matiere civile, que d'employer le témoignage des Efclaves qui leur étoit toûjours arraché par la violence des tourmens. Démofthène dit (*c*) que lorfque pour le même fait, il étoit poffible de produire comme témoins des hommes libres ou des Efclaves, les Juges préféroient toûjours la torture des Efclaves comme une preuve plus certaine & plus infaillible (*d*).

Sénèque fait un portrait de ce luxe dèfordonné, qui change le jour en nuit & la nuit

---

(*a*) *Amor. Lib.* 1. *Eleg.* 6.

(*b*) *Sueton. De Claris Autoribus.* Un ancien Poëte a dit: *Janitoris tintinnire impedimenta audio.*

(*c*) *In Oneterum. Orat.* 1.

(*d*) La même chofe fe pratiquoit à Rome; mais Cicéron ne paroît pas croire ce témoignage fi certain que celui des Citoyens libres. *Pro Cælio.*

en jour, & renverfe toutes les heures établies pour chaque office de la vie. Parmi d'autres circonftances telles que le dérangement du tems, des repas & des bains, il dit que régulierement environ la troifième heure de la nuit, les voifins de celui qui vivoit dans ce rafinement de délicateffe, entendoient le bruit des coups de fouets & de verges, & voulant en favoir la caufe, apprenoient que ce voifin fe faifoit alors rendre compte de la conduite de fes Domeftiques, & leur faifoit la correction qu'ils avoient méritée. Il ne remarque pas ceci comme un exemple de cruauté, mais feulement du défordre qui changeoit les heures qu'une coûtume établie avoit fixées, pour les actions mêmes les plus communes & les plus régulieres (*a*).

______

(*a*) *Sénèque, Epit. CXXII.* Les Jeux inhumains de Rome doivent être auffi confidérés, comme l'effet du mépris de ce Peuple pour les Efclaves, & étoient réellement en grande partie caufe de l'inhumanité générale de leurs Princes & de leurs Gouverneurs. Qui peut lire fans horreur les récits des Divertiffemens de l'Amphithéatre? Ou qui peut être furpris que les Empereurs traitaffent ce Peuple de la même maniere qu'il traitoit fes inférieurs? Avec de l'humanité à cet égard, on feroit tenté de renouveller le barbare defir de Caligula, que le Peuple n'eût qu'un cou. Un hom-

Mais notre affaire préfente eft feulement d'examiner fi l'efclavage peupleroit plus ou moins un Etat. On prétend qu'à cet égard la pratique des Anciens a l'avantage, & qu'elle étoit la caufe de cette extrême abondance de Peuple que l'on fuppofe dans ces tems-là. A préfent, tous les Maîtres empêchent tant qu'ils peuvent le mariage des Domeftiques garçons, & pour quelque raifon que ce foit, ne veulent pas permettre celui des filles, que l'on fuppofe alors entierement incapables de fervir; mais lorfque les Domeftiques appartiennent au Maître en propriété, leur mariage & leur fécondité font fes richeffes, & lui apportent une fucceffion d'Efclaves qui occupent la place de ceux que leur âge ou leurs

---

me auroit prèfque du plaifir à pouvoir, par un feul coup, mettre fin à une pareille Race de monftres. „Vous pouvez remercier Dieu, dit l'Auteur que j'ai déja cité *(Epit. VII.)* s'adreffant lui-„même au Peuple Romain, de ce que vous avez „un Maître (à favoir Néron, ce Prince fi doux & fi „humain) qui eft incapable d'apprendre la cruau-„té de votre exemple." Sénèque écrivoit ceci au commencement du Regne de Néron, qui, dans la fuite, leur convint affez bien par fa férocité, que la vûe des Spectacles, auxquels il avoit été accoûtumé dès l'enfance, avoit fans doute augmentée confidérablement.

C v

infirmités mettent hors d'état de fervir ; ainfi il encourage leur propagation autant que celle de fon bétail, il éleve les jeunes Efclaves avec le même foin, & leur fait apprendre quelque Art ou quelque Métier qui puiffent les lui rendre plus profitables. Les Opulens par cette Politique font du moins intéreffés à l'Etre, finon au bien être des Pauvres, & s'enrichiffent eux-mêmes, en augmentant le nombre & l'induftrie de ceux qui leur font foûmis.

Chaque homme étant un Souverain dans fa propre famille, a le même intérêt en ce qui la regarde, qu'un Prince en ce qui regarde fon Etat, & n'a pas comme lui des motifs contraires d'ambition, ou de vaine gloire qui puiffent le conduire à dépeupler fa petite fouveraineté. Elle eft toute entiere dans tous les tems fous fes yeux, & il a le loifir de faire attention aux plus petits détails du mariage & de l'éducation de fes Sujets (*a*).

(*a*) Nous devons obferver ici que fi l'efclavage Domeftique étoit réellement favorable à la multiplication du Peuple, ce feroit une exception à la régle générale, qu'une Société, quelle qu'elle foit, n'eft d'ordinaire peuplée, qu'en proportion qu'elle eft heureufe. Un Maître par humeur ou par intérêt, peut rendre fes Efclaves très-malheureux,

Telles font au premier afpect les confé‑
quences de l'Efclavage Domeftique; mais fi
nous approfondiffons la matiere, peut-être
trouverons-nous des raifons de rétracter un
jugement fi précipité. La comparaifon eft
choquante entre la direction de Créatures
humaines & l'économie du bétail; mais étant
extrêmement jufte en l'appliquant au fujet
préfent, elle eft très-propre à nous en faire
fentir les conféquences. Près de la Capitale
& de toutes les grandes Cités, dans toutes
les Provinces riches & induftrieufes, on éleve peu de bétail: les provifions, le logement,
le travail y font trop chers; les hommes trouvent mieux leur compte à acheter le bétail
lorfqu'il a un certain âge, des Pays plus
éloignés, & où l'on vit à meilleur marché.
Un enfant que l'on éléveroit à Londres jufqu'à ce qu'il fût en état de fervir, coûteroit
bien plus cher que d'en acheter un du même
âge en Ecoffe ou en Irlande, où il auroit été
élevé dans un Hameau, couvert de haillons
& nourri de gruau d'avoine ou de pommes
de terre. Ceux donc qui auroient des Efcla-

& cependant être très-attentif par intérêt à augmenter leur nombre. Leur mariage n'eft pas
plus pour eux une matiere de choix, que toute autre action de leur vie.

ves dans tous les Pays les plus riches & les plus peuplés, chercheroient à empêcher la groffeffe des Femmes, & quand ils n'auroient pû la prévenir, en détruiroient le fruit. L'efpèce humaine périroit où elle doit multiplier le plus vite, & auroit befoin d'être recrutée continuellement par les Provinces les plus pauvres & les plus défertes: ce qui tendroit infenfiblement à dépeupler l'Etat, & à rendre les grandes Villes dix fois plus deftructives que parmi nous, où chaque homme eft Maître de lui-même, & a foin de fes enfans par l'inftinct tout-puiffant de la Nature, & non par les calculs d'un fordide intérêt. Si Londres à préfent, fans beaucoup augmenter, a befoin annuellement d'une recrue des Provinces de cinq mille hommes, comme on le calcule ordinairement, que ne demanderoit pas cette Capitale, fi la plus grande partie des Marchands, des Artifans & du Peuple ordinaire étoient Efclaves, & que leurs Maîtres avaricieux les empêchaffent de faire des enfans?

Les Anciens Auteurs nous difent qu'il y avoit un flux perpétuel d'Efclaves en Italie qui étoient tirés des Provinces les plus éloignées, particulierement de la Syrie, de la Cilicie (*a*), de la Cappadoce, de l'Asie Mineure, de la Thrace & de l'Egypte. Cependant le nombre du Peuple n'augmentoit pas, & les Ecrivains se plaignent de la diminution continuelle de l'industrie & de l'Agriculture (*b*). Où est donc cette extrême fécondité des Esclaves chez les Romains que l'on a coûtume de supposer? Bien loin de multiplier, il semble qu'ils ne peuvent pas sans d'immenses recrues maintenir le même fonds de Peuple ; quoiqu'une multitude de ces Esclaves fussent continuellement affranchis & convertis en Citoyens Romains, le nombre de ceux-ci même n'a commencé à augmenter que lorsque la Liberté de la Cité a été communiquée aux Provinces étrangeres.

Le terme pour exprimer un Esclave, né & élevé dans la famille, étoit *Verna* (*c*). Il

---

(*a*) On a souvent vendu dix mille Esclaves dans un jour pour l'usage des Romains à Délus en Cilicie. *Strabon, Liv. 14.*

(*b*) *Columella, Lib. 1. Proem. & Cap. 2. & 7. Varro, Lib. 3. Cap. 1. Horat. Lib. 2. Od. 15. Tacit. Annal. Lib. 3. Cap. 54. Sueton. in vitâ Aug. Cap. 42. Plin. Lib. 18. Cap. 13.*

(*c*) Comme *Servus* étoit le nom du genre, *Verna* étoit celui de l'espèce, sans aucun terme corrélatif ; cela forme une forte présomption que les

paroît que par la Coûtume ces Esclaves jouïf-

---

derniers étoient de beaucoup les moins nombreux. C'est une observation universelle que nous pouvons former sur quelque Langue que ce soit, que lorsque deux parties rélatives d'un tout, sont l'une avec l'autre en quelque proportion, en nombre, rang ou considération, on invente toûjours des termes corrélatifs, qui expriment leur relation mutuelle. S'il y a trop de disproportion de l'une à l'autre, le terme n'est inventé que pour la moindre partie, seulement pour la distinguer du tout. Ainsi Homme & Femme, Maître & Domestique, Pere & Fils, Prince & Sujet, Étranger & Citoyen sont des termes corrélatifs : mais ces mots, Matelot, Charpentier, Forgeron, Tailleur, &c. n'ont point de termes correspondans qui expriment ceux qui ne sont ni Matelots, ni Charpentiers, &c. Les Langues diffèrent beaucoup à l'égard des mots particuliers où cette distinction a lieu, & l'on peut tirer de-là de fortes présomptions touchant les Mœurs & les Coûtumes des différentes Nations. Le Gouvernement militaire des Empereurs Romains avoit élevé si haut la profession des armes, que les Soldats balançoient tous les autres Etats. De-là *Miles* & *Paganus* devinrent des termes rélatifs, chose jusqu'alors inconnue dans les anciennes Langues, & qui l'est encore dans nos langages modernes. La superstition moderne a élevé le Clergé si haut, que les Ecclésiastiques ont emporté la balance sur tous les autres Etats. De-là *Eccle-siastiques* & *Laïques* sont des termes opposés dans

foient de beaucoup de privilèges au-deſſus des autres, ce qui étoit une raiſon ſuffiſante aux Maîtres, pour n'en vouloir pas élever pluſieurs de cette eſpèce (*a*). Quiconque connoît les maximes de ceux qui ont des Plantations, n'aura pas de peine à convenir de la juſteſſe de cette Obſervation (*b*).

.toutes les Langues modernes, & dans celles-là ſeules. J'infere des mêmes principes, que ſi le nombre des Eſclaves achetés par les Romains des Pays étrangers, n'eût pas de beaucoup excédé le nombre de ceux élevés dans les familles, *Verna* auroit eu un mot corrélatif, pour exprimer la premiere eſpèce d'Eſclaves : mais il paroît que ceux-ci compoſoient le principal Corps des anciens Eſclaves, & que les derniers n'étoient que quelques exceptions.

(*a*) *Verna* eſt employé par les Ecrivains Romains, comme un mot équivalent à *Scurra*, attendu la pétulance & l'impudence de ces Eſclaves. *Mart. Lib. 1. Epiſt. 42. Vernæ procaces*, dit Horace. *Vernula Urbanitas*, Petron. *Cap. 24. Vernularum licentia*, Sen. de Provid. *Cap. 1.*

(*b*) On compte dans les Indes Occidentales, qu'un fonds d'Eſclaves déchoit de cinq pour cent chaque année, à moins qu'on n'achete de nouveaux Eſclaves pour le recruter. On ne peut pas les tenir à leur nombre, même dans ces Pays chauds où les habits & les proviſions coûtent ſi peu. Combien plus cela arriveroit-il en Europe, & dans des grandes Villes?

Atticus est beaucoup loué par son Historien pour le soin qu'il prenoit de recruter sa famille d'Esclaves qui y étoient nés (*a*). Ne peut-on pas inférer de-là que cette pratique alors n'étoit pas fort commune?

Les noms d'Esclaves dans les Comédies Grecques, *Syrus*, *Mysus*, *Geta*, *Thrax*, *Davus*, *Lydus*, *Phryx*, &c. donnent tout lieu de présumer qu'à Athènes, du moins, la plûpart des Esclaves étoient tirés des Nations étrangeres. „Les Athéniens, dit Strabon (*b*), „ont donné à leurs Esclaves, ou les noms „des Pays où ils ont été achetés, comme *Ly*„*dus*, *Syrus*, ou les noms qui étoient les plus „communs parmi ces Nations, comme *Ma*„*nès* ou *Midas* à un Phrygien, *Tibias* à un „Paphlagonien."

Démosthène après avoir parlé d'une Loi qui défend à tout Homme, de frapper l'Esclave d'un autre, loue l'humanité de cette Loi; & ajoûte que si les Barbares de qui on achetoit des Esclaves étoient informés de la douceur avec laquelle on traitoit leurs Compatriotes, ils auroient une grande estime pour les Athéniens (*c*). Isocrate dit aussi que

____

(*a*) *Corn. Nepos*, *in vita Attic.*
(*b*) *Lib.* 7,
(*c*) *In Midiam. pag. 221. ex edit. Aldi.*

chez

chez les Grecs tous les Efclaves étoient Barbares.

Tout le Monde fait que Démofthène pendant fa minorité fut fruſtré d'une ample fortune par fes Tuteurs, & que dans la fuite il vint à bout par un Procès de recouvrer la valeur de ce Patrimoine. Nous avons encore fes Oraifons fur ce fujet, qui contiennent un détail exact de tout ce que lui avoit laiſſé fon Pere (*a*), en argent, marchandifes, maifons & Efclaves, avec la valeur de ces différentes fortes de bien. Il avoit cinquante-deux Efclaves tous Artifans, dont trente-deux étoient Fourbiſſeurs, & les vingt autres étoient Ouvriers en Ebéniſterie (*b*), &c. tous mâles. Il ne dit pas un mot des Femmes, des Enfans ou de la Famille, ce qu'il eût certainement fait, fi c'eût été l'ufage ordinaire à Athènes de multiplier les Efclaves par les mariages: la valeur du tout auroit beaucoup dépendu de cette circonftance. Il n'eſt pas même fait mention d'Efclaves, Femmes ou Filles, fi ce n'eſt de quelques Servantes qui apparte-

---

(*a*) *In Aphobum, Orat. I.*

(*b*) Κλινοποιοὶ, qui faifoient de ces fortes de lits fur lefquels les Anciens fe couchoient pour prendre leurs repas.

                                D

noient à fa Mere. Cet argument a beaucoup de force, s'il n'eft pas entièrement décifif.

Examinons un paffage où Plutarque parle de l'Ancien Caton (a). „Il avoit, dit-il, un „grand nombre d'Efclaves qu'il prenoit foin „d'acheter aux marchés des Prifonniers de „guerre, & il les choififfoit jeunes, afin qu'ils „puffent s'accoûtumer aifément à quelque „maniere de vivre que ce fût, & qu'on pût „auffi les former aux affaires ou au travail, „comme on dreffe de jeunes Chiens & de jeu-„nes Chevaux .... & regardant l'amour, „comme la fource de tous les dèfordres, il „permettoit aux Hommes d'avoir commerce „avec les Femmes dans fa famille, en lui „payant une certaine fomme pour ce privi-„lège; mais il défendoit rigourcufement „toute intrigue au-dehors." Voit-on dans ce récit la moindre indication de ce foin, que l'on fuppofe dans les Anciens, du mariage & de la propagation des Efclaves? Si c'eût été une pratique commune, fondée fur l'in-térêt général, elle eût fûrement été fuivie par Caton, le plus grand Econome qui ait vécu dans des tems où l'ancienne frugalité & la fimplicité de mœurs, étoient encore en crédit & en réputation.

______

(a) *In vita Catonis.*

Il est expressément remarqué par les Ecrivains des Loix Romaines, qu'il n'arrivoit presque jamais que l'on achetât des Esclaves, dans l'intention d'avoir de leur Race (*a*).

____

(*a*) *Non temere ancillæ ejus rei causa comparantur ut pariant. Digest. Lib. 5. tit. 3.* De Hæred. Pet. Lex 27. Les Textes suivans serviront à confirmer ce que j'avance : *Spadonem morbosum non esse neque vitiosum, verius mihi videtur ; sed sanum esse, sicuti illum qui unum testiculum habet qui etiam generare potest. Digest. Lib. 2. tit. 2.* De Ædilitio Edicto, Lex 6. Sect. 2. *Sin autem quis ita spado sit, ut tam necessaria pars corporis penitus absit, morbosus est.* Id. Lex 7. On ne regardoit à ce qu'il paroît l'impuissance de l'Esclave, qu'autant qu'elle pouvoit affecter sa santé ou sa vie ; à d'autres égards, on ne l'en estimoit pas moins. Le même raisonnement est encore employé au sujet des femmes Esclaves. *Quæritur de ea muliere quæ semper mortuos parit, an morbosa sit, & ait Sabienus, si vulvæ vitio hoc contigit, morbosam esse. Id. Lex 14.* Il a même été mis en question si une Femme grosse étoit malade ou viciée, & il a été décidé qu'elle étoit saine, non à cause de la valeur du fruit dont elle étoit enceinte, mais parce que c'est l'office naturel des Femmes de faire des Enfans. *Si mulier prægnans venerit, inter omnes convenit sanam eam esse. Maximum enim ac præcipuum munus fœminarum accipere, ac tueri conceptum. Puerperam quoque sanam esse : si modo nihil extrinsecus accedit, quod corpus ejus in aliquam valetudinem immitteret.* De sterili Celius

D ij

J'avoue que nos Laquais & nos Femmes de Chambre ne fervent pas beaucoup à multiplier l'efpèce; mais les Anciens, outre ceux qui étoient pour le fervice de leur perfonne, faifoient faire leurs travaux de toute efpèce, par des Efclaves qui vivoient pour la plûpart dans leurs Familles ; & des Romains en ont eu jufqu'au nombre de dix mille. Si donc il y a quelque foupçon que cette inftitution étoit contraire à la propagation, (& à cet égard les anciens Efclaves & nos Domeftiques modernes reviennent à peu près au même) combien l'efclavage ne doit-il pas avoir été deftructif?

L'Hiftoire parle d'un Noble Romain, qui avoit quatre cens Efclaves fous le même toit avec lui, & qui ayant été affaffiné par quelques furieux d'entre eux, qui avoient voulu fe venger, la Loi fut exécutée à la rigueur, & tous fans exception furent mis à mort (a). Plufieurs autres Nobles Romains avoient des Familles auffi ou même plus nombreufes, & l'on m'avouera, je crois, que cela eût été à

---

diftinguere Trebatium dicit ut fi natura fterilis fit, fana fit, fi vitio corporis contra. Id.

(a) *Tacit. Ann. Lib. 14. Cap. 43.*

peine praticable, fi tous les Efclaves avoient été mariés (*a*).

Dès le tems du Poëte Héfiode (*b*), les Efclaves mariés de l'un & de l'autre fexe étoient regardés comme un inconvénient; combien plus dans les lieux où les familles s'étoient augmentées auffi prodigieufement qu'à Rome, lorfque l'ancienne fimplicité des mœurs fut bannie de toutes les fortes de rangs de Citoyens?

Xénophon dans fes Economiques, où il enfeigne les moyens de conduire une Ferme, recommande d'avoir grande attention de tenir les hommes & les femmes Efclaves à des diftances les uns des autres. Il ne paroît pas fuppofer qu'ils foient jamais mariés. Les feuls Efclaves parmi les Grecs qui paroîffent avoir continué leur propre efpèce, étoient les Elotes qui avoient leurs maifons à part,

---

(*a*) Les Efclaves dans les maifons des Grands avoient de petites Chambres qui leur étoient affignées, & que l'on appelloit *Cellæ*, d'où l'on a pris le nom de *Cellules* pour celles que les Moines occupent dans leur Couvent. Voyez fur ce Chapitre, *Juft. Lipf. Saturn. 1. Cap. 14.* Ces petites Chambres forment de fortes préfomptions contre le mariage & la propagation des Efclaves.

(*b*) *Opera & Dies. Lib. 2. L. 24. & auffi L. 220.*

& qui étoient plus les Esclaves du Public que des particuliers (*a*)

Les Ancies parlent si fréquemment d'une portion de provisions fixe & assignée à chaque Esclave (*b*), que cela nous mene à croire que leurs Esclaves vivoient presque seuls, & recevoient cette portion comme ce qui leur étoit réglé pour leur dépense de bouche.

La pratique de marier les Esclaves ne paroît pas avoir été fort ordinaire, même parmi les Laboureurs de la Campagne, où il seroit plus naturel de l'attendre. Caton (*c*) comptant les Esclaves nécessaires pour cultiver une vigne de cent acres, les fait monter à quinze. Le Fermier & sa Femme, *Villicus* & *Villica*, & treize Esclaves mâles. Pour une plantation d'oliviers de deux cens quarante acres, le Fermier & sa femme, & onze Esclaves mâles; & ainsi en proportion pour une vigne ou une plantation d'oliviers d'une plus grande ou d'une moindre étendue.

Varron citant ce passage de Caton, convient que son calcul est juste en tout autre point, excepté le dernier: car comme il est

(*a*) Strabon, *Lib. 8.*

(*b*) *Cato, de Re Rustica, Cap. 56. Donatus in Phormion, L. 1. 9. Seneca, Epist. 80.*

(*c*) *De Re Rust. Cap. 10. & 11.*

néceſſaire, dit-il, d'avoir un Fermier & ſa Femme, ſoit que le vignoble ou la plantation ſoient conſidérables ou non, cela doit altérer l'exactitude de la proportion. Si le calcul de Caton eût été défectueux à quelque autre égard, il eût certainement été corrigé par Varron qui paroît prendre plaiſir à relever une erreur ſi légere.

Ce même Auteur (a), auſſi-bien que Columelle (b), recommande comme une choſe néceſſaire, de donner une Femme au Fermier afin de l'attacher plus fortement au ſervice de ſon Maître. C'étoit donc une grace particuliere accordée à un Eſclave en qui l'on avoit une ſi grande confiance.

Dans le même endroit, Varron conſeille comme une précaution utile, de ne pas acheter trop d'Eſclaves de la même Nation, pour éviter les factions & les ſéditions dans la famille. Ce qui donne lieu de préſumer qu'en Italie la plus grande partie des Eſclaves, même pour labourer la Campagne, (car il ne parle pas d'autres) étoit achetée des Provinces éloignées. Tout le monde ſait qu'à Rome les Eſclaves qui ſervoient à la repréſentation & au luxe, y étoient communément

____

(a) Lib. 1. Cap. 17.
(b) Lib. 1. Cap. 18.

D iiij

tranſportés de l'Orient. *Hoc profecere*, dit Pline en parlant du ſoin jaloux des Maîtres, *mancipiorum legiones, & in domo turba externa, ac ſervorum quoque cauſa nomenclator adhibendus* (a).

Varron recommande, à la vérité, que dans la famille on ait ſoin que les Bergers aient des enfans pour leur ſuccéder dans le même emploi: car les Fermes pour engreſſer le bétail étant communement dans des lieux éloignés, & où les denrées étoient à vil prix, & chaque Berger vivant à part dans un Hameau, ſon mariage & l'augmentation de ſa famille n'étoient pas ſujets aux mêmes inconvéniens que dans les lieux où les denrées étoient plus cheres, & où pluſieurs Eſclaves vivoient enſemble; c'eſt le cas où ſe trouvoient géneralement toutes les Fermes des Romains qui produiſoient du vin ou du blé. Si nous faiſons attention à cette exception à l'égard des Bergers, & ſi nous en pèſons les raiſons, nous y trouverons de quoi nous confirmer puiſſamment dans tous nos ſoupçons précédens (b).

***

(a) *Lib. 33. Cap. 1.*

(b) *Paſtoris duri hic eſt filius ille bubulci.* · Juven. Sat. XI.

Columelle (*a*), je l'avoue, conseille au Maître de donner une récompense, & même la liberté à une Femme Esclave qui lui a apporté au-dessus de trois enfans: une preuve que quelquefois les Anciens favorisoient la propagation de leurs Esclaves, ce que l'on ne sauroit nier. Sans cela la pratique de l'esclavage étant si commune dans l'Antiquité, elle seroit devenue destructive à un dégré qu'aucun expédient n'auroit pû réparer une perte d'hommes si considérable. Tout ce que j'ai prétendu prouver jusqu'ici, c'est que l'esclavage en général est contraire au bonheur & à la multiplication du Genre humain, & que l'usage de nos Domestiques à gages qui nous en tient lieu, est préférable †.

____

(*a*) *Lib. 1. Cap. 8.*

† „Si des conventions particulieres toûjours „tempérées par la Loi, régloient la destinée des „Esclaves, l'idée de barbarie s'effaceroit bientôt, „& il n'est peut-être pas difficile de tourner l'escla- „vage de telle sorte, qu'il aura une compensation „avantageuse sur la Liberté des Domestiques, &c.”

„La Liberté du Domestique le dégoûte du „travail, &c.”

M. Melon, *Chapitre de l'Esclavage.*

Il est aisé de s'appercevoir que dans ce Discours rempli de tant d'érudition, M. Hume n'a eu d'autre objet que de détruire les principes sur lesquels M. Me-

Les Loix, ou, comme quelques Ecrivains les appellent, les Séditions des Gracques furent occafionnées par les obfervations qu'ils firent fur l'augmentation des Efclaves en Italie, & la diminution des Citoyens libres. Appien (*a*) attribue cette augmentation à la propagation des Efclaves. Plutarque † à l'achat des Barbares qui étoient enchaînés & emprifonnés, βαρβαρικὰ δεσμωτήρια ††, &

LON *fe fonde pour prouver les avantages que la So-ciété en général pourroit rétirer de l'Efclavage. Des Mœurs plus douces que celles des Grecs & des Romains, & un fiecle plus éclairé que ceux où ils ont vécu, ne nous permettront jamais d'adopter un fyf-tème qui eft plus contraire à l'humanité qu'il ne l'a paru à* M. Melon.

(*a*) *De Bell. Civ. Lib. 1.*

† *In vita Tib. & Corn. Gracch.*

†† A ce fujet, voici un Paffage de Sénèque l'Ancien. *Ex Controverfia 5. Lib. 5. Arata quondam populis rura, fingulorum Ergaftulorum funt ; latiuf-que nunc villici, quam olim Reges, imperant. At nunc eadem,* dit Pline, *vincti pedes, damnatæ manus, infcripti vultus exercent. Lib. 18. Cap. 3.*

Voyez auffi Martial :

Et fonet innumero compede Thufcus ager. Lib. 9. Ep. 23.

. . . . . . Tum longos jungere fines
Agrorum & quondam duro fulcata Camilli,
Vomere & antiquas Curiorum pella ligones,

il eſt à préſumer que les deux cauſes y concoururent.

La Sicile, dit Florus (*a*), étoit pleine de ces Bâtimens deſtinés à renfermer les Eſclaves, & cultivée par des Laboureurs enchaînés. Eunus & Athénio exciterent la guerre des Eſclaves en forçant ces énormes priſons †,

---

Longa ſub ignotis extendere rura Colonis. Lucan. Lib. *1.*
. . . . *Vincto foſſore coluntur*
Heſperiæ ſegetes.   Lib. 7.

(*a*) Lib. 3. Cap. *19.*

† *En Angleterre, le pays de l'humanité & où il y a tant de Loix qui la reſpirent, il eſt étonnant qu'on n'en faſſe pas pour empécher les barbaries qui s'exercent dans les priſons, à l'égard des malheureux qui y ſont détenus pour dettes. On en a porté ſouvent des plaintes inutiles au Parlement. Voici la peinture qu'en fait* Thomas Baston, *dans une Brochure imprimée en 1730.* „Nos pauvres Priſonniers „pour dette, dit-il, meurent de faim dans des ca- „chots, ſont enchaînés, fouettés, battus, aſſom- „més par la brutalité de celui qui les garde; & ſi „ces miſeres & ces tourmens ne les tuent pas tout- „à-fait, elles en réduiſent quelques-uns à un tel „déſeſpoir, qu'ils ſe défont eux-mêmes, d'autres „en deviennent fous: cependant toutes les plain- „tes contre ces démons incarnés ſont rejettées, & „le Magiſtrat n'a aucune attention à la conduite „des Géoliers."

„Les priſons en France, en Hollande & dans

& donnant la Liberté à fix mille Efclaves.
Le jeune Pompée augmenta fon armée en
Efpagne par le même expédient †.

Si les Laboureurs de la Campagne dans
toute l'étendue de l'Empire Romain, étoient
généralement dans cette fituation, & s'il
étoit difficile ou impoffible de trouver des
logemens féparés pour les familles des Efcla-

„les autres Pays, font à la charge du Gouverné-
„ment.   Le Géolier eft payé par l'Etat.   Le Pri-
„fonnier pour dette a une Chambre, un lit, du
„pain & de l'eau aux dépens du Public; outre ce
„que le Créancier eft obligé par les Loix de four-
„nir pour la fubfiftance du Débiteur, qui eft ré-
„glée fuivant la qualité & la maniere de vivre du
„Débiteur, avant qu'il tombât dans le malheur.
„Le Géolier n'a aucun pouvoir fur le Prifonnier.
„Il n'a rien à faire qu'à garder fes portes, & tenir
„fes Prifonniers en fûreté, jufqu'à ce qu'ils foient
„délivrés par la Loi; ce qui ne peut tarder long-
„tems, car fi le Créancier ne fe laffe pas de nour-
„rir le Débiteur, dans la plûpart des Pays, celui-
„ci obtiendra fa délivrance en faifant ceffion de fes
„biens.   Mais ici un Anglois à qui la Liberté eft
„fi précieufe, fur le feul prétexte de dette, fera
„configné à la garde d'un *Bourreau*, & périra avant
„qu'il foit connu, s'il a enfreint aucune Loi, ou s'il
„eft dans le cas de celle que nous avons qui eft fi
„barbare au fujet des Dettes réelles."

† *Id.* Lib. *4.* Cap. *8.*

ves de la Ville; combien l'inftitution de l'Efclavage Domeftique ne doit-elle pas paroître
contraire à la propagation auffi-bien qu'à
l'humanité?

Conftantinople à préfent demande la même recrue d'Efclaves de toutes les Provinces,
que Rome demandoit autrefois, & ces Provinces en conféquence font bien loin d'être
peuplées.

L'Egypte, fuivant M. Maillet, envoye des
Colonies continuelles d'Efclaves noirs aux
autres parties de l'Empire Turc, & reçoit annuellement un retour égal de blancs. Les
uns font tirés des parties intérieures de l'A-
frique, les autres de la Mingrelie, de la Cir-
caffie, & de la Tartarie.

Nos Couvents modernes font fans doute
de mauvaifes inftitutions †; mais il eft affez

---

† Sur ce point particulier, comme fur plufieurs
autres, M. WALLACE penfe comme M. MELON,
& tout différemment de M. HUME. Voici fes
propres expreffions: „Quoique le Chriftianifme
„dans fa pureté primitive, ne foit pas défavora-
„ble à la Société, cependant on peut quelquefois
„abufer des meilleures inftitutions, & il ne feroit
„peut-être pas aifé de juftifier tous les Edits des
„Empereurs Chrétiens à ce fujet; ce qu'il y a de
„fûr, c'eft que l'on peut regarder le nombre pro-

vrai-femblable qu'anciennement chaque gran-

„digieux de Prêtres non mariés dans tous les Pays
„Catholiques, qui font une fi grande partie de
„l'Europe, & celui des perfonnes du Sexe, qui
„dans les Couvens font Vœu de virginité, comme
„une des principales caufes de la difette de Peuple,
„dans les Pays qui font fous la domination du
„Souverain Pontife." On ne doit pas être furpris
que des Auteurs Proteftans tiennent ce langage,
lorfque les Ecrivains Catholiques les plus judicieux
& les plus attachés à la Religion ne peuvent s'empêcher de former les mêmes plaintes.

Si l'Efpagne, autrefois fi peuplée, eft aujourd'hui
déferte, c'eft fur-tout au trop grand nombre de
Couvens, qu'il faut s'en prendre felon les Auteurs
Efpagnols. „Je laiffe, dit le célèbre DON DIE-
„GO DE SAAVEDRA, *dans fon Emblême LXVI.* à
„ceux dont c'eft le devoir à examiner fi le nombre
„exceffif des Eccléfiaftiques & des Couvens, eft
„proportionné aux Facultés de la Société des Laï-
„ques qui doit les entretenir, & s'il n'eft pas con-
„traire aux vûes mêmes de l'Eglife. Le Confeil
„de Caftille dans le projet de Réforme qui fut pré-
„fenté à Philippe III. en 1619. fupplie le Roi
„d'obtenir du Pape, qu'il mette des bornes à ce
„nombre exceffif de Religieux, d'Ordres & de
„Couvens, qui s'accroît tous les jours, & de lui
„repréfenter les inconvéniens qui en réfultent.
„Celui qui rejaillit fur l'Etat Monaftique même,
„ajoûte le Confeil, n'eft pas le moindre de tous;
„le relâchement s'y introduit, parce que le plus

de famille en Italie, & probablement dans les autres parties du monde, étoit une espèce de Couvent. Quoique nous ayons lieu de haïr ces établissemens Religieux de la Communion Romaine, comme à charge au Public & oppressifs pour les pauvres prisonniers de l'un & de l'autre sexe qui y sont renfermés; on peut douter encore s'ils dépeu-

---

„grand nombre y cherche moins une pieuse re
„traite que l'oisiveté, & un abri contre la nécessité.
„Cet abus a les plus funestes conséquences pour
„l'Etat & pour le service de Votre Majesté; la for
„ce & la conservation du Royaume consistent dans
„le grand nombre des hommes utiles & occupés.
„Nous en manquons, & par cette cause & par
„d'autres. Les Séculiers cependant s'appauvris
„sent de plus en plus: les charges de l'Etat retom
„bent uniquemeut sur eux, tandis que les Couvens
„en sont exemts, ainsi que les biens considérables
„qu'ils accumulent, & qui ne peuvent plus sortir
„de leurs mains. Il seroit donc très-convenable
„que Sa Sainteté informée de ces désordres, réglât
„que les Vœux ne pourront être faits avant l'âge
„de vingt ans, & que l'on ne pourra entrer au No
„viciat avant l'age de seize ans. Un grand nom
„bre de Sujets ne prendroient plus alors cet Etat,
„qui, pour être plus parfait & plus sûr, n'en est
„pas moins le plus préjudiciable à la Société."

Voyez le Chapitre CVII. du Livre intitulé: Théorie & Pratique de Commerce & de Marine.

plent autant un Etat qu'on l'imagine communément. Si la terre qui appartient à un Couvent étoit donnée à un Gentilhomme, il dépenseroit son revenu en Chiens, Chevaux, Valets d'écurie, Laquais, Cuisiniers, &c. & sa famille ne fourniroit pas plus de Citoyens à l'Etat que le Couvent.

La raison ordinaire qui fait que les parens enferment leurs Filles dans des Monasteres, c'est pour n'être pas surchargés d'une trop nombreuse famille; mais les Anciens avoient une méthode à peu près aussi innocente & plus efficace, pour se délivrer de cette inquiétude; ils exposoient de bonne heure leurs enfans. Cet usage étoit très-commun, & aucun Auteur de ces tems-là n'en parle avec l'horreur qu'il mérite; à peine en trouve-t-on un qui le blâme (*a*). Plutarque dont les écrits respirent l'humanité & la bonté, loue comme une vertu dans Attalus (*b*), Roi de Pergame, d'avoir assassiné, ou si vous le voulez exposé tous ses propres Enfans, afin de laisser sa Couronne au Fils de son frere Euménès, signalant ainsi sa reconnoissance &

______

(*a*) Tacite le blâme, *De Morib. Germ.*

(*b*) *De Fraterno amore.* Sénèque approuve aussi qu'on expose les Enfans malades & infirmes. *De ira*, Lib. I. Cap. 15.

son

fon affection pour fon frere Euménès, qui l'avoit fait fon héritier par préférence à ce fils. C'eft Solon, celui dès fages de la Grèce qu'on a le plus célèbré, qui par une loi a donné aux parens la permiffion de tuer leurs enfans †.

Faut-il admettre la compenfation de ces deux circonftances, & conclure que les vœux Monaftiques & l'expofition des enfans font également contraires à la propagation du Genre humain? Je croirois pourtant qu'ici l'avantage eft du côté de l'Antiquité. Le hafard auroit pû faire que par une étrange connexion de caufes, la pratique barbare des Anciens rendît ce tems-là plus peuplé. Il pouvoit engager plus de gens à fe marier, en ôtant les craintes d'une famille trop nombreufe; & telle eft la force de l'affection naturelle, que peu d'hommes en comparaifon des autres avoient affez de réfolution lorfque le moment arrivoit pour exécuter leur premiere intention.

La Chine, le feul Pays où ce barbare ufage d'expofer les enfans prevaut encore aujourd'hui (*a*), eft le Pays le plus peuplé que

---

† Sext. Empereur, *Lib. 3. Cap. 24.*

(*a*) L'ufage eft d'expofer les Garçons & de vendre les Filles; ce qui prouve, comme on l'a déja remarqué, que la Police & les Mœurs des Chi-

nous connoiſſions.   Tout homme y eſt marié avant d'avoir atteint vingt ans.   On ne ſe
marieroit pas généralement de ſi bonne heure, ſans la confiance que donne une maniere
ſi aiſée de ſe débaraſſer de ſes enfans.   J'avoue que Plutarque (*a*) en parle comme ſi
en effet c'étoit la maxime générale des pauvres d'expoſer leurs enfans, & comme les
riches avoient alors du dégoût pour le mariage, attendu les complaiſances qu'avoient
pour eux ceux qui eſpéroient quelques legs
d'eux, entre les pauvres & les riches le Public doit avoir été dans une mauvaiſe ſituation (*b*).

---

nois, du moins à beaucoup d'égards, ne répondent
pas à l'excellence de la Morale & à la ſageſſe de
Gouvernement qu'on leur attribue.

(*a*) *De amore prolis.*

(*b*) L'uſage de laiſſer de grandes ſommes à des
amis, ſans avoir de parenté avec eux, étoit commun dans la Grèce, auſſi-bien qu'à Rome.   Cette
pratique prévaut rarement dans nos tems modernes: ainſi le Volpone de Ben-Johnſon, eſt entièrement tiré des anciens Auteurs & convient mieux
aux Mœurs de ces tems-là, qu'à celles d'aujourd'hui.

On peut croire encore que la Liberté des Divorces à Rome étoit un autre obſtacle au Mariage.
Un tel uſage ne prévient pas les querelles qui naiſſent de l'humeur, & occaſionne toutes celles que

De toutes les Sciences, il n'y en a aucune où les premieres apparences foient plus trompeufes que dans la Politique. Les Hôpitaux pour les enfans trouvés paroiffent favorables à l'augmentation du nombre des Citoyens, & peut-être que s'ils étoient bien dirigés, ils pourroient l'être en effet; mais lorfque les portes s'ouvrent à un chacun fans diftinction, ils ont probablement un effet contraire, & font pernicieux à l'Etat †. On

---

peut produire l'intérêt, qui font plus dangereufes & plus deftructives. Voyez fur ce fujet les *Effais Moraux & Politiques, Effai XXI.* Peut-être auffi doit-on confidérer l'influence que pouvoit avoir fur ce point l'incontinence extraordinaire des Anciens.

† Les Hôpitaux en général font beaucoup mieux adminiftrés en France, qu'en Angleterre, quoique l'Etat y dépenfe beaucoup moins pour les pauvres. Dès le tems de la Reine Elifabeth, le Parlement impofa une Taxe égale fur tous les biens perfonnels & réels pour le foulagement des pauvres: il a publié fucceffivement plufieurs autres Actes qui n'y ont pas mieux pourvû. Un Ecrivain moderne de cette Nation, dont l'Ouvrage refpire la Charité Chrêtienne & l'amour du bien public, dit, que *les fommes d'argent qui fe levent en Angleterre, pour les pauvres, font incroyables, quoique les rues y foient remplies de Mendians; & cela, parce qu'il s'en faut*

calcule que de dix enfans nés à Paris, il y en

---

beaucoup que la moitié de ces sommes ne soit employée à leur véritable destination. Il en donne pour exemple l'Hôpital de Greenwich, *fondé uniquement pour les pauvres Matelots qui ont servi l'Etat*, où il dit hardiment que *plus de la moitié de ceux qui y sont aujord'hui, n'y ont d'autres titres que la protection & les recommandations qui les y ont fait recevoir, sans avoir jamais servi sur Mer.* Observations on Trade, *London 1732. pag. 44.*

Assûrément une prévarication aussi grande & aussi scandaleuse ne seroit pas soufferte à l'Hôtel Royal des Invalides. Il est littéralement vrai que la corruption & les abus, dans les Hôpitaux & dans toutes les fondations charitables en Angleterre, sont infinis. Les preuves que j'en pourrois donner ne peuvent trouver place dans une Note. Lorsque M. Folkes, Président de la Société Royale de Londres, cet illustre & vertueux Anglois, qui n'avoit pas moins d'humanité que de Science, vint en France il y a quelques années: nos établissemens de cette espèce n'excitèrent pas moins son attention que nos Académies. Un de ceux qui font le plus d'honneur à notre Gouvernement & à la Police de Paris, l'Hôpital des Enfans trouvés le frappa d'admiration. Il vit que l'on connoissoit véritablement en France le prix des hommes, & les moyens de faire que la Société tire avantage des vices des particuliers. Ils s'adressa à Feu M. Geoffroy, pour avoir des instructions sur l'or-

a un d'envoyé à l'Hôpital, quoiqu'il paroîsse certain suivant le cours ordinaire des choses que ce n'est pas la centième partie de ceux que leurs parens ne sont pas en état d'élever. La différence infinie pour la santé, pour l'industrie, & pour la morale, entre une éducation dans un Hôpital & celle qu'on réçoit dans une famille particuliere, nous devroit

---

dre merveilleux & la sage Economie qui régnent dans l'administration de cet Hôpital.

En conséquence, il fit tout à son retour en Angleterre pour procurer à Londres un Etablissement qui n'y est pas moins nécessaire qu'à Paris. Ses bonnes intentions ont eu leur effet: il avoit un grand crédit à la Chambre des Communes dont il étoit Membre. Enfin cette Nation si remplie d'humanité, & qui tour à tour donne à ses voisins ou reçoit d'eux des exemples de sagesse, a pourvû à la subsistance & à l'éducation des Enfans trouvés par un Acte du Parlement, du 17. Octobr. 1739. dont voici le Préambule: ,,D'autant que Sa Ma-,,jesté, par compassion pour la quantité de pau-,,vres Enfans sujets à être exposés & à périr dans ,,les rues, ou à être massacrés par leurs parens ,,également pauvres & inhumains, a bien voulu ,,par sa Charte Royale, scellée du grand sceau de ,,la Grande-Bretagne, créer & établir une Com-,,pagnie, sous le nom de *Gouverneurs & Gardiens* ,,*de l'Hôpital, pour l'Entretien & l'Education des* ,,*jeunes Enfans exposés & abandonnés, &c.*"

engager à rendre l'entrée des Hôpitaux moins facile. Tuer son propre enfant est quelque chose de si révoltant pour la nature, que cela ne peut pas arriver communement; mais de rejetter sur un autre le soin qu'on en devroit prendre, c'est ce qui ne tente peut-être que trop l'indolence naturelle du Genre humain.

Ayant consideré la vie Domestique & les mœurs des Anciens, comparées à celles des Modernes où dans le total nous paroîssons plutòt superieurs en ce qui regarde la question présente; nous examinerons à présent les coûtumes & les institutions Politiques des deux âges, & nous pèserons l'influence qu'elles peuvent avoir pour favoriser la propagation du Genre humain ou pour y nuire.

Avant l'augmentation de la Puissance Romaine, ou plutôt, jusqu'à son entier établissement, presque toutes les Nations dont parle l'ancienne Histoire, étoient partagées en petits territoires ou Républiques peu considérables, où prévaloit une grande égalité de fortunes ; & le centre du Gouvernement étoit toûjours près de ses frontieres. Telle étoit la situation des choses, non-seulement en Grece & en Italie, mais aussi en Espagne, dans les Gaules, en Allemagne, en Afrique,

& dans une grande partie de l'Afie mineure :
Il faut avouer qu'aucune inftitution ne pouvoit être plus favorable à la propagation du
Genre humain : car un homme dont la fortune eft augmentée, ne pouvant pas con-
fommer plus qu'un autre, eft forcé de la par-
tager avec ceux qui dépendent de lui ou qui
le fervent.   Cependant leur poffeffion étant
précaire, ils n'ont pas le même encouragement pour le mariage, que fi chacun avoit
une petite fortune fûre & indépendante.
D'ailleurs, des Villes trop grandes font deftructives pour la Socièté, engendrent des
vices & des dèfordres de toute efpèce, affament les Provinces eloignées, & s'affament
elles-mêmes par la cherté du prix où elles
font monter les denrées ; quelle heureufe fituation pour le Genre humain, que ces Pays
fi favorables à l'Induftrie & à l'Agriculture,
au Mariage & à la Propagation, où chaque
homme avoit fa petite maifon & fon champ
à lui-même, & où chaque Province avoit fa
Capitale libre & indépendante! Ce font les
obftacles qui naiffent de la pauvreté & de la
néceffité qui empêchent les hommes de doubler en nombre à chaque génération ; & fu-
rement rien n'eft plus favorable à leur multiplication, que les petites Républiques & une

égalité de fortune parmi les Citoyens. Tous les petits États produisent naturellement une égalité de fortune, parce qu'ils ne fourniffent pas les occafions de grandes augmentations ; mais les petites Républiques beaucoup plus encore par cette divifion de puiffance & d'autorité qui leur eft effentielle.

Lorfque Xénophon † retourna de la fameufe expédition avec Cyrus, il s'engagea lui-même avec fix mille Grecs au fervice de Seuthès, Prince de Thrace, & les articles de fon Traité étoient, que chaque Soldat recevroit une Darique par mois, chaque Capitaine deux Dariques, & lui-même comme Général quatre ; Réglement de paye qui ne furprendroit pas peu nos Officiers modernes.

Lorfque Démofthène & Efchine avec huit autres Athéniens furent envoyés Ambaffadeurs à Philippe de Macédoine, leurs appointemens pour plus de quatre mois, étoient mille drachmes, ce qui eft moins d'une drachme par jour pour chaque Ambaffadeur ††. Or, une drachme par jour & quel-

---

† *De exp. Cyr. Lib.* 7.

†† *Demofth. de falfa Leg.* Il appelle cette fomme confidérable.

quefois deux, étoient la paye d'un Soldat d'Infanterie †.

Un Centurion parmi les Romains n'avoit du tems de Polybe que la double paye d'un Soldat ordinaire ††; & nous trouvons qu'a-près un triomphe, leurs gratifications étoient réglées selon cette proportion (*a*). Marc-Antoine depuis & le Triumvirat donnerent aux Centurions cinq fois la récompense des autres (*b*); tant l'aggrandissement de la Ré-publique avoit augmenté l'inégalité parmi les Citoyens (*c*).

Il faut avouer que la situation des affaires dans nos tems modernes, à l'égard de la liberté civile, aussi-bien que de l'egalité de fortune n'est pas à beaucoup près si favorable, soit à la propagation ou au bonheur du Genre hu-main. L'Europe est partagée principalement en grandes Monarchies, & les parties qui en

---

† *Thucyd. Lib. 3.*

†† *Lib. 6. Cap. 37.*

(*a*) *Titi-Livii, Lib. 41. Cap. 7. & 13.*

(*b*) *Appian. de Bello Civil. Lib. 4.*

(*c*) César donna aux Centurions dix foix la gra-tification des Soldats ordinaires. *De Bello Gallico, Lib. 8.* Dans le Cartel des Rhodiens, mentionné ci-dessous, on ne fait point de différence du prix de la rançon, rélative à celle des rangs dans l'Armée.

E v

font divifées en petits territoires font communement gouvernées par des Princes abfolus, qui ruïnent leur Peuple par le ridicule qu'ils ont de vouloir contrefaire les grands Monarques dans la fplendeur de leur Cour & le nombre de leurs forces. La Suiffe & la Hollande reffemblent feules aux anciennes Républiques, & quoique la premiere foit bien loin d'avoir aucun avantage du côté du fol, du climat ou du Commerce, cependant le nombre de Peuple qui y abonde, nonobftant l'ufage où font les Suiffes de s'enrôler eux-mêmes au fervice de toutes les Puiffances de l'Europe, prouve fuffifamment les avantages de leurs inftitutions Politiques.

Les anciennes Républiques tiroient leur principale ou plutôt leur unique fécurité du nombre de leurs Citoyens. Les Trachiniens ayant perdu un grand nombre de leur Peuple, ceux qui reftoient, au lieu de s'enrichir eux-mêmes de l'héritage de leurs Concitoyens, s'adrefferent à Sparte leur Métropole pour en obtenir un nouveau fonds d'habitans. Les Spartiates auffi-tôt raffemblerent dix mille hommes, parmi lefquels les Anciens partagerent les terres dont les premiers propriétaires avoient péri †.

---

† *Diod. Sic. Lib. 12.*

Après que Timoléon eut banni Denys de Syracuse, & rétabli les affaires de la Sicile, trouvant les Villes de Syracuse & de Sellinuntium extrêmement dépeuplées par la tyrannie, la guerre & les factions, il demanda à la Grèce quelques nouveaux habitans pour les repeupler (*a*). Immédiatement après quarante mille hommes, Plutarque dit soixante mille (*b*), s'offrirent d'eux-mêmes, & il fit autant de lots de terre qu'il partagea entr'eux à la grande satisfaction des Anciens habitans. On voit par-là que l'ancienne Politique recherchoit plus l'abondance de Peuple que celle des richesses, & l'on reconnoît les bons effets de ces maximes, dans la maniere dont étoit peuplé un aussi petit Pays que la Grèce, qui pouvoit fournir à la fois une Colonie si considérable. Les maximes des premiers Romains étoient à peu près les mêmes. C'est un Citoyen pernicieux, disoit M. Curius †,

(*a*) *Diod. Sic. Lib. 16. Thucyd. Lib. 3.*
(*b*) *In vitâ Timol.*
† Pline, *Lib. 18. Cap. 3.* Le même Auteur au Chap. 6. dit: *Verumque fatentibus, latifundia perdidere Italiam: jam vero & Provincias. Sex domi semissem Africæ possidebant cum interfecit eos Nero princeps.* Dans cette vûe, les barbares boucheries commises par les premiers Empereurs Romains,

que celui qui ne peut se contenter de sept acres †, combien de pareilles idées d'égalité devoient-elles favoriser la propagation!

Nous devons considérer à présent les dés-avantages qui pouvoient se trouver chez les Anciens à l'égard de la multiplication de l'espèce humaine, & les obstacles qu'y pou-voient mettre leurs maximes & leurs institu-tions Politiques. Il y a communement des compensations dans chaque condition hu-maine, & quoique ces compensations ne soient pas toûjours parfaitement équivalen-tes, elles servent du moins à mettre des bor-nes au principe dominant. Il est déja très-difficile de les comparer & d'apprécier leur influence dans le même siècle, & dans les Pays voisins; mais après tant de siècles qui

---

n'étoient peut-être pas si destructives pour le Pu-blic, que nous pouvons l'imaginer: elles ne ceffe-rent que quand ils eurent éteint toutes les familles illustres, qui, dans les derniers tems de la Républi-que, avoient joüi du pillage du Monde entier. Les nouveaux Nobles qui s'éleverent en leur place furent moins splendides, comme nous l'apprenons de Tacite, *Annal. Liv. 3. Chap. 55.*

† L'an de Rome 292. le Dictateur L. Q. Cincin-natus n'en avoit que quatre. Au tems de la pre-miere guerre Punique A. Régulus n'en avoit que sept.

fe font écoulés, & n'ayant pour nous conduire que quelques lumieres répandues par-ci par-là dans les anciens Auteurs, que pouvons-nous faire autre chofe que de nous amufer en parlant pour & contre fur un fujet fi intéreffant? C'eft du moins le moyen de corriger les jugemens abfolus & trop précipités.

Premierement, eft à remarquer que les anciennes Républiques étoient prèfque dans une guerre continuelle, effet naturel de leur efprit guerrier, de leur amour pour la liberté, de leur émulation mutuelle, & de cette haine qui prévaut généralement chez les Nations qui vivent dans un étroit voifinage. De plus, il faut convenir que la guerre dans un petit Etat eft beaucoup plus deftructive que dans un grand; foit parceque dans le premier cas, tous les Habitans font obligés de remplir l'armée, foit à caufe que dans un petit Etat tout eft frontiere, & par conféquent expofé aux incurfions de l'ennemi.

Les maximes des anciennes guerres étoient beaucoup plus deftructives que celles des guerres de ces derniers fiècles, principalement à caufe de la diftribution du pillage que l'on accordoit aux Soldats. Parmi nous, les Soldats font une forte de Peuple fi vil & fi miférable, que la moindre abondance au de-là de leur simple paye, engendre la confusion, le dèsordre, & une totale dissolution de la discipline. La misere même & la bassesse des malheureux qui remplissent nos Armées, les rendent moins destructives pour le Païs qu'elles envahissent. Ce qui est un exemple entre plusieurs de l'erreur des premieres apparences dans tous les raisonnemens Politiques (a).

Les anciennes Batailles étoient beaucoup plus sanglantes par la nature même des Armes qu'on y employoit. Les Anciens rangeoient leurs Soldats sur seize ou vingt, quelquefois cinquante hommes de profondeur, & il n'étoit pas difficile de trouver un champ dans lequel les deux armées pussent être mises en bataille, & s'engager l'une avec l'autre. Même lorsque quelque corps de troupe étoit arrêté par des bois, des hayes, de petites hauteurs, ou des chemins creux, la bataille

---

(a) Les anciens Soldats étant Citoyens libres, & au-dessus du rang le plus bas, étoient tous mariés. Nos Soldats modernes sont ou forcés à vivre sans se marier, ou leurs mariages ne contribuent presque en rien à l'augmentation du Genre humain: circonstance qui mérite d'être pesée, & qui est de quelque conséquence en faveur des Anciens.

n'étoit pas affez-tôt décidée entre ceux qui
étoient aux prifes, pour que les autres n'euffent pas le tems de furmonter les difficultés
qui s'oppofoient à eux, & de prendre part à
l'action. Et comme les Armées entieres
étoient ainfi engagées, & que chaque homme s'attachoit de près à fon ennemi, les batailles étoient communement très-meurtrie-
res, il fe faifoit un grand carnage des deux
côtés, fpécialement de celui des vaincus.

Les lignes longues & claires que deman-
dent les armes à feu, & la prompte décifion
de l'action font que nos combats modernes
ne font prefque que des rencontres de parti,
& que le Général qui eft battu au commencement du jour, eft encore en état de retirer
la plus grande partie de fon armée faine &
entiere. Si le projet de la Colonne du
Chevalier Follard, qui paroît impraticable †, pouvoit avoir lieu, il rendroit les

---

† Quel eft l'avantage de la Colonne, après qu'elle a rompu les lignes des ennemis ? Il confifte uniquement en ce qu'alors elle les prend en flanc, &
qu'en faifant feu de tout côté, elle diffipe tout ce
qui fe trouve près d'elle. Mais jufqu'à ce qu'elle
ait rompu les ennemis, ne leur préfente-t-elle pas
elle-même un flanc expofé à leur moufqueterie; &
ce qui eft beaucoup pis à leur canon.

batailles modernes auſſi deſtructives que les anciennes.

Les Batailles de l'Antiquité, ſoit par leur durée, ſoit par leur reſſemblance avec les combats particuliers, étoient portées à un degré de furie entierement inconnu aux derniers âges. Rien ne pouvoit alors engager les Combattans à faire quartier que l'eſpérance du profit, en faiſant des Eſclaves de leurs priſonniers. Dans les guerres civiles, comme nous l'apprenons de Tacite (a), les batailles étoient beaucoup plus meurtrieres, parce que les priſonniers n'étoient pas Eſclaves.

Quelle vigoureuſe réſiſtance ne devoit-on pas éprouver de la part du Vaincu qui s'attendoit à un deſtin ſi triſte! Quelle rage invétérée ne devoient pas produire des maximes de guerre ſi cruelles & ſi meurtrieres!

Dans l'ancienne Hiſtoire, on trouve de fréquens exemples de Villes aſſiégées, dont les habitans plutôt que d'ouvrir leurs portes, tuoient leurs femmes & leurs enfans, & ſe précipitoient eux-mêmes à une mort volontaire, adoucie peut-être par l'eſpoir de la faire payer cher à l'ennemi. Les

(a) *Hiſt. Lib. 2. Cap. 44.*

Grecs

Grecs (*a*) auſſi-bien que les Barbares ſe font
ſouvent portés à ce degré de fureur.   Cette
même réſolution & cette même cruauté doivent en d'autres circonſtances moins remarquables, avoir été très-deſtructives pour la
Société humaine ; ſur-tout dans ces petites
Républiques qui vivoient dans un étroit voi-
ſinage, & qui étoient engagées dans des contentions & des guerres perpétuelles.

Quelquefois les guerres en Grèce, dit Plutarque (*b*), ne ſe faiſoient pas autrement que
par invaſions, par pillages & par pirateries.
Une pareille maniere de faire la guerre dans
de petits Etats, devoit être plus deſtructive
que les ſièges & les batailles les plus meurtrieres.

Par la loi des douze Tables, une poſſeſ-
ſion de deux ans formoit une preſcription
pour les terres ; un an ſuffiſoit pour les biens
meubles †, ce qui prouve qu'il n'y avoit pas

(*a*) Comme Abydus, dont parle Tite-Live,
Liv. 31. Chap. 17. & 18. & Polybe, *Liv. 16.* comme
auſſi les Xanthiens. Appien, de la Guerre civile,
Liv. 4.

(*b*) *In vitâ Arati.*

† *Inſtit. Lib. 2. Cap. 6.* Il eſt vrai que la même Loi paroît avoir continué juſqu'au tems de Juſ-
tinien.   Mais les abus introduits par la barbarie

alors en Italie beaucoup plus d'ordre, de tranquillité & de Police, qu'il n'y en a à présent parmi les Tartares.

Le seul cartel que je me rappelle dans l'Histoire ancienne, est celui entre Démétrius *Poliorcete* & les Rhodiens, où il étoit convenu qu'un Citoyen libre seroit rendu pour mille drachmes, un Esclave portant les armes, pour cinq cens.

Secondement, il paroît que les anciennes Mœurs étoient plus défavorables à la Population que les Modernes, non-seulement en tems de guerre, mais aussi en tems de paix, & cela à tous égards, si l'on en excepte l'amour de la liberté civile & de l'égalité, article à la vérité d'une importance considérable. Il est très-difficile, s'il n'est pas entierement impossible d'exclure les factions d'un Gouvernement libre; mais dans nos tems modernes, on ne trouve de ces rages invétérées entre les factions, & de ces maximes sanguinaires que dans les seuls partis de Religion, où il est arrivé souvent que des Prêtres fanatiques ont été tout à la fois les Accusateurs, les Juges & les Bourreaux. Dans l'Histoire ancienne, nous pouvons toûjours observer que

---

ne sont pas toûjours corrigés par la politesse des siècles suivans.

lorfqu'un parti prévaloit, foit les Nobles, foit le Peuple; car à cet égard, je n'apperçois aucune différence †, les Vainqueurs à l'inftant même maffacroient tous ceux du parti oppofé, qui tomboient entre leurs mains, & banniffoient ceux qui avoient été affez heureux pour échapper à leur furie. Alors, point de forme de procès, point de loi, point de jugement, point de pardon : ainfi à chaque révolution, on maffacroit ou l'on chaffoit de la Ville la quatrième ou la troifième partie, peut-être près de la moitié de fes habitans.

Les Exilés ne manquoient pas de fe joindre à l'ennemi étranger, & de caufer tout le dommage poffible à leurs Concitoyens, jufqu'à ce que la fortune les mît en état de prendre leur revanche par une nouvelle révolution. Et comme elles étoient très-fréquentes dans des Gouvernemens fi violens, il ne nous eft pas aifé aujourd'hui d'imaginer les dèfordres, les méfiances, les jaloufies & les inimitiés qui devoient prévaloir en ce tems-là.

---

† Lyfias qui étoit lui-même de la faction populaire, & qui eut affez de peine à échapper aux trente Tyrans, dit, que la Démocratie eft un Gouvernement auffi violent que l'Oligarchie.

Orat. 24. De ftatu popul.

Je ne me rappelle dans toute l'ancienne Hiſtoire que deux révolutions qui ſe ſoient paſſées ſans une grande effuſion de ſang, en maſſacres & en aſſaſſinats. A ſavoir celle qui ſoumit la République Romaine à Céſar, & le rétabliſſement de la Démocratie Athénienne par Traſibule.

Les Hiſtoriens nous apprennent qu'il accorda une Amniſtie générale pour toutes les offenſes paſſées, & qu'il en introduiſit le premier le mot & la pratique dans la Grèce †. Il paroît cependant par pluſieurs Oraiſons de Lyſias ††, que les principaux coupables de la tyrannie précédente, & même quelques autres de moindre importance furent cités aux Tribunaux, & même punis de mort. Cette difficulté n'a pas encore été éclaircie, n'a pas même été remarquée par les Savans & les Hiſtoriens. Quant à la clémence de Céſar, quoiqu'on l'ait fort célébrée, elle ne ſeroit pas beaucoup applaudie dans le ſiècle préſent. Par exemple, il fit égorger tout le Sénat de Caton, lorſqu'il devint maître d'Utique (*a*), & nous pouvons

---

† *Cicero, Philipp. 1.*

†† Comme *Orat. 11. contra Eratoſt. Orat. 12. contra Agorat. Orat. 15. pro Mantith.*

(*a*) *Appian, de Bello civ. Lib. 2.*

croire aifément que le petit nombre dont il étoit compofé, n'étoient pas ceux du parti qui avoient le moins de mérite. Tous ceux qui avoient porté les armes contre l'Ufurpateur furent profcrits, & par la Loi d'Hirtius, déclarés incapables d'aucun Office public.

Ces Peuples qui étoient fi amoureux de la liberté, ne paroîffent pas l'avoir trop bien entendue; lorfque les trente Tyrans établirent pour la premiere fois leur autorité à Athènes, ils commencerent par faire arrêter tous les Sycophantes & Délateurs qui s'étoient rendus fi odieux durant la derniere Démocratie, & les firent périr par des jugemens arbitraires & contre les Loix. „Cha-„que Citoyen, difent Salluste † & Lyfias ††, „fe réjouït de leur punition, ne confidérant „pas que de ce moment même la Liberté „étoit anéantie."

Toute l'énergie du ftyle nerveux de Thucidide, l'abondance & la force de la langue Grecque ne paroîffent pas fuffire à cet Hiftorien, lorfqu'il entreprend de décrire les défordres que les factions faifoient naître dans

---

† Difcours de Céfar, *de Bello Catil.*

†† *Orat. 24. in Orat. 29.* Il ne fait mention de la faction, que comme de la caufe pourquoi ces punitions irrégulières devoient déplaire.

toutes les Républiques Grecques. Il paroît que ſes penſées ſont telles qu'il ne peut pas trouver des mots pour les communiquer; il termine cette deſcription ſi pathétique par une réflexion qui eſt tout à la fois très-fine & très-ſolide.

„ Dans ces débats, dit-il, ceux qui étoient „les plus ſimples, les plus ſtupides, & qui „avoient le moins de prévoyance avoient „d'ordinaire le deſſus; car connoîſſant leur „foibleſſe & craignant d'être ſurpris par ceux „d'une plus grande pénétration, ils termi-„noient promptement & ſans préméditation „les affaires par l'épée & par le poignard, & „prévenoient ainſi leurs Antagoniſtes, qui „formoient, pour les détruire, de beaux „plans & des projets raiſonnés (*a*)."

____

(*a*) *Thucid. Liv. 3.* Le Pays de l'Europe où j'ai remarqué que les factions ſont les plus violentes, & les haines de parti les plus fortes, eſt l'Irlande. Les choſes en ſont au point qu'on n'y obſerve pas les civilités les plus communes entre les Proteſtans & les Catholiques. Leurs cruelles révoltes & les terribles revanches que chaque Parti a priſes à ſon tour, ont engendré cette haine mutuelle, qui eſt la principale cauſe des déſordres, de la pauvreté & de la dépopulation de ce Pays-là. J'imagine que chez les Grecs, les factions étoient encore por-tées à un plus haut degré de rage, attendu que par-

Sans parler ici de Denys † l'Ancien, qui paſſe pour avoir maſſacré de ſang-froid plus de dix mille de ſes Concitoyens, d'Agatocle ††, de Nabis (*a*), ni des autres encore plus ſanguinaires que lui, même dans les Gouvernemens libres, tous les mouvemens étoient extrêmement violens & deſtructifs. A Athènes, les trente Tyrans & les Nobles, dans l'eſpace d'une année, firent périr, ſans forme de Procès, environ douze cens perſonnes du Peuple, & bannirent plus de la moitié, des Citoyens qui reſtoient (*b*). Dans Argos, environ le même tems, le Peuple tua douze cens des Nobles, & enſuite leurs propres *Démagogues*, parce qu'ils avoient refuſé de pouſſer leurs pourſuites plus loin (*c*).

mi eux les révolutions étoient communement plus fréquentes, & les aſſaſſinats beaucoup plus en uſage & plus tolérés.

† *Plut. de virt. & fort. Alex.*

†† *Diod. Sic. Lib. 18. & 19.*

(*a*) *Titi-Livii, Lib. 31. 33. & 34.*

(*b*) *Diod. Sic. Lib. 14.* Iſocrate dit qu'il n'y eut que cinq mille Habitans de bannis. Il fait monter le nombre de ceux qui furent tués à quinze cens. *Areop. Æſchines contra Cteſiph.* aſſigne préciſement le même nombre. Sénèque (*de tranq. anim. Cap. 5.*) dit treize cens.

(*c*) *Diod. Sic. Lib. 15.*

Le Peuple en Corcyre maſſacra quinze cens des Nobles & en bannit mille (*a*). Ces nombres paroîtront d'autant plus ſurprenans que nous connoîſſons l'extrême petiteſſe de ces Etats; mais toute l'ancienne Hiſtoire eſt pleine de ces exemples (*b*).

(*a*) *Diod. Sic. Liv. 13.*

(*b*) Nous nous contenterons d'en rapporter quelques-uns d'après le ſeul Diodore de Sicile, qui ſe ſont paſſés dans le cours de ſoixante ans, & dans l'âge le plus brillant de la Grèce. Cinq cens des Nobles & de leurs Partiſans furent bannis de Sibaris, *Lib. 12. pag. 77. ex edit. Rhodomanni.* De Chios, ſix cens Citoyens bannis, *Lib. 13. pag. 189.* A Ephèſe, trois cens quarante tués, mille bannis, *Lib. 13. pag. 223.* Des Cyrénéens, cinq cens Nobles tués, tout le reſte banni, *Lib. 14. pag. 263.* A Corinthe, cent vingt de tués, de bannis cinq cens, *Lib. 14. pag. 304.* Phœbidas le Spartiate bannit trois cens Béotiens, *Lib. 15. pag. 342.* A la chute des Lacédémoniens, les Démocraties furent rétablies en pluſieurs Villes, & le Peuple prit de ſéveres vengeances des Nobles à la maniere Grecque. Mais les choſes n'en demeurerent pas là; car les Nobles bannis retournant en pluſieurs Places, maſſacrerent leurs Adverſaires à Phiale, à Corinthe, à Mégare, à Phliaſie. Dans cette derniere Place ils tuerent trois cens du Peuple; mais ceux-ci s'étant révoltés de nouveau, tuerent plus de ſix cens Nobles, & bannirent le reſte, *Lib. 15. pag. 357.* En Arcadie, quatorze cens de bannis, outre pluſieurs de

Lorſqu'Alexandre ordonna que tous les Exilés fuſſent rétablis chacun dans leurs Villes, il ſe trouva que leur nombre montoit à vingt mille hommes (*a*), les reſtes apparemment de boucheries & de maſſacres encore plus grands.   Qui ne ſeroit effrayé d'en trouver une multitude ſi étonnante, dans un pays

tués.   Les Bannis ſe retirerent à Sparte & à Pallantium ; ces derniers furent délivrés à leurs Compatriotes & tous tués, *Lib. 15. pag. 273.*   Il y avoit dans l'armée de Sparte, cinq cens bannis d'Argos & de Thèbes, *Id. pag. 274.*   Voici un détail de la plus remarquable des cruautés d'Agatocle tiré du même Auteur.   Le Peuple avant ſon uſurpation avoit banni ſix cens Nobles, *Lib. 19. pag. 655.* Après cela le Tyran, de concert avec le Peuple, tua quatre mille Nobles & en bannit ſix mille, *Id. pag. 657.* Il tua quatre mille perſonnes du Peuple à Géla, *Id. pag. 741.*   Le Frere d'Agatocle bannit huit mille Citoyens de Syracuſe, *Lib. 20. pag. 757.*   Les Habitans d'Ægeſta, au nombre de quarante mille, furent tous tués, hommes, femmes & enfans, & pluſieurs à cauſe de leur argent expoſés à la torture, *Id. pag. 802.*   Tous les parens, à ſavoir, peres, freres, enfans, grands-peres de ſon Armée Libienne furent tués, *Id. pag. 803.*   Agatocle tua ſept mille Exilés après la Capitulation, *Id. pag. 816.*   Il eſt à remarquer qu'Agatocle étoit un homme d'un grand ſens & d'un grand courage.

(*a*) *Diod. Sic. Lib. 18.*

F ⁊

auffi étroit que l'ancienne Grèce! Quelles devoient être les troubles domeftiques, les jaloufies, les partialités, les animofités, les vengeances qui déchiroient ces Villes, où les factions étoient portées à un tel degré de fureur & de dèfefpoir!

Il feroit plus aifé, dit Ifocrate à Philippe, de trouver à préfent en Grèce de quoi lever une Armée parmi les Vagabonds, que dans les Villes.

Quand même les chofes n'en venoient pas à de telles extrémités (ce qui ne manquoit pas d'arriver prefque en chaque Ville, deux ou trois fois par fiècle) les Maximes de l'ancien Gouvernement rendoient la propriété des biens très-précaire. Xénophon, dans le Banquet de Socrate, nous donne une defcription affez naturelle de la tyrannie du Peuple Athénien. „Dans ma pauvreté, dit „Charmides, je fuis beaucoup plus heureux „que je ne l'étois lorfque j'étois riche; d'au-„tant qu'il eft plus heureux d'être en pleine „fécurité, que dans des alarmes continuel-„les; d'être libre, que d'être Efclave; de re-„cevoir des hommages, que d'en rendre; „de trouver des gens qui fe fient en vous, „plutôt que des gens qui vous foupçonnent. „Anciennement j'étois obligé de careffer

„tout Délateur: on m'imputoit toûjours
„quelque chofe, & il ne m'étoit jamais per-
„mis de voyager ou d'être abfent de la Ville.
„A préfent que je fuis pauvre, j'ai la tête
„haute, & je menace les autres. Les Ri-
„ches ont peur de moi, & me traitent avec
„toute forte de politeffe & de refpect. Enfin
„je fuis devenu une efpèce de Tyran dans la
„Ville (a)."

Dans un des Plaidoyers de Lyfias (b), l'O-
rateur en paffant rapporte très-froidement,
comme une Maxime du Peuple Athénien,
que toutes les fois que la République manquoit d'argent, on mettoit à mort quelque
Homme riche, foit Citoyen, foit Etranger,
pour avoir la confifcation de fes biens; &
lorfqu'il parle de cet ufage, il ne paroît avoir
aucune intention de blâmer, bien moins encore d'indifpofer ceux qui étoient fes Audi-
teurs & fes Juges.

Soit qu'un Homme fût Citoyen ou Etranger parmi ces Républicains, il femble qu'il
étoit néceffaire qu'il s'appauvrît lui-même,
ou bientôt le Peuple l'appauvriffoit & le tuoit
par-deffus le marché. L'Orateur dont je
viens de parler, rapporte un état fingulier

(a) Page 885. ex edit. Leuncl.
(b) Orat. 29. in Nicom.

d'un bien dépensé au service du Public (*a*),

(*a*) Pour recommander son Client à la faveur du Peuple, il calcule toutes les sommes qu'il a dépensées. Etant χωρηγὸς, trente mines. Pour un Chœur d'hommes, vingt mines ; ἀ πυῤῥικιςαῖς, huit mines ; ἀνδράσι κορηγῶν, cinquante mines ; κυκλικῷ κῶρῳ, trois mines. Sept fois Trierarche où il a dépensé six talens. Taxes, une fois trente mines, une autre fois quarante. γυμνασιάρκων, douze mines ; κωρηγὸς παιδικῷ κῶρῳ, quinze mines ; κωμωδοῖς γωρηγῶν, dix-huit mines ; πυῤῥικιςαῖς ἀγενειοῖς, sept mines ; τριήρει ἁμιλλόμενος, quinze mines ; ἀρκηθεωρὸς, trente mines : en tout dix talens trente-huit mines. Somme immense pour un Athénien, & que l'on regarderoit comme une grande richesse, *Orat. 20.* Il est vrai, dit-il, que la Loi ne l'obligeoit pas absolument à faire une si grande dépense ; il auroit pû en épargner les trois quarts : mais sans la faveur du Peuple, personne n'étoit en sûreté, & c'étoit le seul moyen de le gagner. Voyez l'Oraison 24. *De pop. statu.* Dans un autre endroit, il introduit un Harangueur qui dit qu'il a dépensé toute sa fortune, & une fortune immense, quatre-vingts talens pour le Peuple. *Orat. 25. De prob. Evandri.* Les μέτοικοι, ou Etrangers, dit-il, qui ne contribuent pas largement aux plaisirs du Peuple, ont bientôt lieu de s'en repentir. *Orat. 30. contra Philip.* Vous pouvez voir avec quel soin Démosthène étale les dépenses de cette nature, quand il plaide pour lui-même *de corona*, & comme à cet égard il exagere la mesquinerie de Midias, dans son accu-

dont plus de la troisième partie est en curiosités & en choses appartenantes à la Danse.

Je n'ai pas besoin d'insister sur les tyrannies Grecques, qui toutes ensemble étoient horribles. Les Monarchies mixtes, par lesquelles la plûpart des anciens Etats de la Grèce étoient gouvernés, avant l'introduction des Républiques, étoient même très-mal établies. A peine aucune Ville, excepté Athènes, dit Isocrate, pourroit-elle montrer une succession de Rois de quatre ou cinq générations (*a*).

Outre plusieurs autres raisons sensibles de l'instabilité des anciennes Monarchies, le partage égal des biens entre les Freres dans les familles particulieres, par une conséquence nécessaire devoit contribuer à déranger & à troubler l'Etat. La préférence universelle donnée à l'Ainé (*b*) dans les Gou-

---

sation contre ce Criminel. Observons en passant que tout ceci est la marque d'une judicature très-inique; cependant les Athéniens se vantoient eux-mêmes d'avoir l'administration la plus sage & la mieux réglée de tous les Peuples de la Grèce.

(*a*) *Panath.*
(*b*) L'Auteur de *l'Essai du Nombre d'Hommes* regarde les règles touchant la succession & le droit de primogéniture, comme une des

vernemens modernes, quoiqu'elle augmente l'inégalité des fortunes, a cependant ce
bon effet, qu'elle accoûtume les hommes à

fette de Peuple dans les Siècles modernes. Il eſt
vrai que cette Coûtume auroit ſes avantages, ſi elle
étoit reſtrainte à un petit nombre de familles conſidérables, qui par leur éclat & leurs richeſſes ſont
en état de ſervir la Patrie. On prétend même que
dans une Monarchie, une puiſſante Nobleſſe eſt
une barriere contre le Deſpotiſme, & je ne ſais ſi
le fait eſt bien ſûr. Ce qui eſt certain, c'eſt que
par-tout où cette Coûtume prévaut au point de
vouloir élever & ſoûtenir toutes les familles généralement par cette diviſion inégale des biens pater-
nels; elle eſt une ſource fatale d'oiſiveté pour les
Ainés & empêche le mariage des Cadets, qui élevés de même façon que leurs Ainés, veulent les
imiter dans leur faſte; ce qu'ils peuvent faire rarement, à moins que de ſe ſouſtraire aux embar-
ras qu'une famille entraîne. Cette Coûtume s'é-
tend à Veniſe au point que de toute une famille,
un ſeul prend le parti du mariage: cependant la
ſageſſe de cette République ne permet guères de
douter qu'elle ne connoîſſe ſes véritables intérêts.
En Angleterre, on remarque qu'un des heureux
effets de ce partage inégal des biens eſt que ſouvent les Cadets deviennent des Citoyens plus in-
duſtrieux & plus utiles à leur Patrie que leurs Ainés: ceux-ci ſont le ſujet de plus d'un Proverbe qui
ne ſont pas à leur avantage. Que de Problèmes
en Politique qui peut-être ne ſeront jamais réſolus!

cette même idée de fucceffion, & qu'elle ôte tout droit & toute prétention au plus jeune.

La Colonie nouvellement établie à Héraclée, tombant immédiatement en factions, eut recours à Sparte, qui envoya Héripidas avec une pleine autorité pour terminer leurs diffenfions. Cet Homme, fans être provoqué par aucune oppofition, fans être échauffé par une fureur de parti, ne connut pas de meilleur expedient que de faire fur le champ mettre à mort environ cinq cens Citoyens (*a*); ce qui prouve combien ces maximes violentes de Gouvernement étoient profondement enracinées dans toute la Grèce.

Si telle étoit la difpofition des efprits des hommes parmi ce Peuple poli, à quoi doit-on s'attendre dans les Républiques d'Italie, d'Afrique, d'Efpagne & des Gaules, que l'on appelloit barbares? Comment fans cela les Grecs auroient-ils pû s'eftimer tant au deffus des autres Nations, par leur humanité, leur politeffe & leur modération? Ce raifonnement paroît très-naturel; mais malheureufement l'Hiftoire de la République Romaine, dans ces premiers tems, fi nous en croyons ce qui eft écrit, eft contre nous. Il n'y avoit pas encore eu de fang répandu à

____

(*a*) *Diod. Sic. Lib. 14.*

Rome dans aucune fédition avant le meurtre des Gracques. Denys d'Halicarnaffe † remarquant la finguliere humanité du Peuple Romain à cet égard, en tire la conféquence qu'il étoit originairement d'extraction Grecque; d'où nous pouvons conclure que les factions & les révolutions dans les Républiques barbares, étoient beaucoup plus violentes que celles même ci-deffus mentionnées.

Si les Romains furent fi long-tems fans en venir aux mains, ils firent une ample compenfation après qu'ils eurent une fois commencé ces fcènes fanguinaires. L'Hiftoire de leurs guerres civiles par Appien, contient les tableaux les plus effrayans de maffacres & de profcriptions qui aient jamais été préfentés au monde. Ce qui plaît le plus dans cet Hiftorien, eft qu'il paroît touché de tous ces procédés barbares, & qu'il ne parle pas avec cette froideur & cette indifférence choquantes que la coûtume a produites dans plufieurs des Hiftoriens Grecs (a).

---

† Lib. 1.

(a) Les Auteurs que j'ai cités ci-deffus, font tous Hiftoriens, Orateurs & Philofophes, dont le témoignage n'eft pas fufpect. Il eft dangereux de s'en fier aux Ecrivains adonnés & à la plaifanterie & à la fatyre. Par exemple, que doit inférer

Les

Les maximes de l'ancienne Politique contiennent en général si peu d'humanité & de modération, qu'il paroît superflu de chercher des raisons particulieres pour les violences commises en tant d'occasions différentes. Cependant, je ne puis m'empêcher

---

la postérité de ce passage du Docteur Swift? „Je lui dis que dans le Royaume de Tribnie (la „Grande-Bretagne) & à Langdon (Londres) la Ca- „pitale où j'avois séjourné quelque tems dans mes „voyages, le gros du Peuple dans un sens est en- „tièrement composé de Délateurs, Témoins, Ac- „cusateurs, Poursuivans en Justice, avec les autres „Subalternes qui en font les Suppôts, le tout sous „les étendards, la conduite, & à la solde des Mi- „nistres d'Etat & de leurs Députés. Les com- „plots dans le Royaume sont communement l'ou- „vrage de ces gens-là, &c."

Voyages de Gulliver.

Une pareille représentation conviendroit au Gouvernement d'Athènes, mais non pas à celui d'Angleterre, qui même dans ces tems modernes est un prodige pour l'humanité, la douceur & la liberté. Cependant la Satyre du Docteur, quoique poussée à l'extrème, comme c'est sa coûtume, ne manque pas d'objet. L'Evêque de Rochester, qui étoit son ami & du même parti que lui, avoit été banni un peu auparavant par un Bill de Proscription, avec grande justice, mais sans les preuves que la Loi demande.

G

d'obferver que les Loix dans les derniers tems de la République Romaine, étoient fi abfurdement imaginées, qu'elles obligeoient les chefs de parti à recourir à ces extrémités. Toutes les peines capitales furent abolies. Quelque criminel, ou ce qui eft encore plus, quelque dangereux qu'un Citoyen pût être, les Loix ne permettoient de le punir autrement que par le banniffement. Par-là il devint néceffaire dans les révolutions de parti de tirer l'épée de la vengeance particuliere; & lorfque les Loix étoient une fois violées, il n'étoit pas aifé de mettre des bornes à ces expéditions fanguinaires. Si Brutus eût eû le deffus du Triumvirat, auroit-il pû avec un peu de prudence laiffer vivre Octave & Antoine, & fe contenter de les bannir à Rhode ou à Marfeilles, où ils auroient trouvé les moyens d'exciter de nouveaux troubles & de nouvelles rébellions? En faifant mourir C. Antoine, frere du Triumvir, il montra affez quelle étoit fa façon de penfer. Cicéron avec l'approbation de tout ce qu'il y avoit à Rome de fages & de vertueux, ne fit-il pas mettre à mort arbitrairement les Compagnons de Catilina, d'une maniere contraire à la Loi, & fans aucune forme de procès? S'il modera fes exécutions, cela ne vint-il pas de la clémence de son tempérament ou des conjonctures du tems ?   Quelle sécurité dans un Gouvernement qui prétend aux Loix & à la Liberté!

Ainsi un extrême en produit un autre. De la même maniere qu'une excessive sévérité dans les Loix engendre un grand relâchement dans leur exécution, de même la douceur portée à un trop haut point, produit naturellement la cruaute & la barbarie.

Une cause générale des désordres si fréquens dans les anciens Gouvernemens, paroît avoir consisté dans la grande difficulté d'établir quelque Aristocratie dans ces siècles, & d'empêcher par ce moyen les mécontentemens perpétuels, & les séditions du Peuple, toutes les fois que les plus misérables même d'entre les Citoyens, étoient exclus de la Législature & des Offices publics.   La simple qualité d'homme libre donnoit un tel rang opposé à l'Esclave, qu'elle paroîssoit mettre un Citoyen en droit de prétendre à tout ce qu'il y avoit dans la République de dignités & de privilèges.   Les Loix de Solon (a) n'excluoient aucun homme libre des élections; mais confinoient quelques Magistratures dans des classes d'un cens particulier.

____

(a) *Plutarch. in vita Solon.*

Cependant le Peuple ne fut pas satisfait que ces Loix ne fussent rappellées. Par un Traité avec Antipater (*a*), aucun Athénien n'avoit de voix qui ne possédât du moins deux mille drachmes (environ six mille livres sterling); & quoiqu'un pareil Gouvernement nous parût à nous suffisamment Démocratique, il déplut si fort à ce Peuple, que plus des deux tiers abandonnerent immédiatement leurs Pays (*b*).   Cassandre réduisit ce cens à la moitié †; cependant le Gouvernement fut encore regardé comme une tyrannie Oligarchique, & l'effet d'une violence étrangere.

Les Loix de Servius Tullius †† paroîssent très-équitables & très-raisonnables en fixant le pouvoir proportionnément au bien: cependant on ne put jamais amener le Peuple Romain à s'y soûmettre tranquillement.

Dans ces tems-là, il n'y avoit pas de milieu entre une jalouse & sévere Aristocratie, exercée sur des sujets mécontens, ou une Démocratie turbulente, factieuse & tyrannique.

Troisièmement, il y a plusieurs autres circonstances où les Anciens paroîssent infé-

---

(*a*) *Diod. Sic. Lib. 18.*
(*b*) *Id. ibid.*
† *Id. ibid.*
†† *Titi Livii, Lib. 1. Cap. 48.*

rieurs aux Modernes, aux deux égards & du bonheur, & de l'accroiffement du Genre humain. Dans les premiers fiècles, le Commerce, les Manufactures & l'Induftrie, n'étoient pas fi floriffantes qu'elles le font à préfent en Europe. Le feul habillement des Anciens, des femmes comme des hommes, paroît avoir été une efpèce de flanelle qu'ils portoient communement de couleur blanche ou grife, & qu'ils faifoient dégraiffer toutes les fois qu'il en étoit befoin. Tyr, qui avant que d'avoir été détruite par Aléxandre, étoit après Carthage, la Ville qui faifoit le plus grand Commerce dans la Mer Méditerranée, n'étoit pourtant pas une Ville puiffante, fi nous en croyons le compte que rend Arrien de fes Habitans (a). On fuppofe communement qu'Athènes a été une Ville commerçante; mais fuivant Hérodote (b), elle étoit auffi peuplée avant la guerre de Médie qu'en

***

(a) *Lib.* 2. Il y en eut huit cens de tués durant le fiège, & tous les Captifs montent à trente mille. Diodore de Sicile, *Liv.* 17. dit feulement treize cens; mais il rend raifon de ce petit nombre, en difant que les Tyriens avoient envoyé auparavant leurs femmes & leurs enfans à Carthage.

(b) *Lib.* 5. Il fait monter le nombre des Citoyens à trente mille.

G iij

aucun autre tems depuis; & cependant en ce tems fon Commerce étoit fi peu de chofe, que comme l'obferve le même Hiftorien (*a*), les Grecs ne fréquentoient pas plus les Côtes même de l'Afie dont ils étoient voifins, que les Colonnes d'Hercule, car l'Auteur ne concevoit rien au-delà (*b*).

––––––––––

(*a*) *Ibid. Lib. 5.*

(*b*) M. WALLACE, qui eft d'accord avec M. HUME fur tous ces faits, en tire des conféquences toutes différentes. Selon lui: *La trop grande étendue du Commerce entre l'Europe, & les coins les plus reculés de l'Orient & de l'Occident, eft une des caufes de la difette de monde en Europe.* Il foûtient qu'une grande variété de Manufactures, qui font la fuite d'un Commerce étendu, eft contraire à la Population, & prétend néanmoins ne fe pas contredire, lorfqu'il affûre ailleurs qu'en Ecoffe ce feroit un grand avantage pour l'Agriculture, la valeur & l'amélioration des terres, fi les Manufactures les plus utiles étoient établies dans les Villages, & foûtenues par des perfonnes riches de tous les Etats; que de cette façon les Manufacturiers encourageroient l'Agriculture, en pourvoyant les Marchés en échange de la production des terres; que les Laboureurs encourageroient les Manufacturiers en achetant leurs marchandifes, & que les uns & les autres confpireroient par des efforts réunis, à rendre les terres fertiles, le Pays peuplé & la Société floriffante. On ne peut nier qu'il n'y

Lorſque l'argent rapporte un gros intérêt, & le trafic de grands profits, c'eſt une marque que le Commerce & l'Induſtrie ſont encore dans leur enfance. Lyſias (*a*) parle de cent pour cent de profit fait ſur une cargaiſon de deux talens envoyée à une diſtance pas plus grande que d'Athènes à la Mer Adriatique, & ce fait n'eſt pas cité comme un exemple d'un profit exorbitant. Antidorus, dit Démoſthène (*b*), a payé trois talens & demi pour une maiſon qu'il a louée à un talent par an. L'Orateur blâme ſes Tuteurs pour n'avoir pas placé ſon argent auſſi avantageuſement. Ma fortune, dit-il, dans onze ans de minorité doit avoir triplé. Il fait monter à quarante mines la valeur de vingt des Eſclaves que lui avoit laiſſés ſon pere, & les profits annuels de leur travail à douze (*c*). L'intérêt le plus modéré à Athènes, car ſou-

---

ait beaucoup d'érudition dans les Ouvrages différens de ces deux Ecrivains Anglois: quelque oppoſé que ſoit le ſyſtème de l'un à celui de l'autre, chacun d'eux fonde le ſien ſur des faits, & quelquefois ſur les mêmes: c'eſt au Lecteur à décider lequel des deux raiſonne le plus conſéquemment.

(*a*) *Orat. 33. adverſ. Diagit.*
(*b*) *Contra Aphob. pag. 25. ex edit. Aldi.*
(*c*) *Id. ibid. pag. 19.*

vent on payoit beaucoup plus (a), étoit à douze pour cent (b), & il se payoit par mois. Sans insister sur l'intérêt exorbitant de trente-quatre pour cent, auquel les sommes considérables distribuées aux Elections avoient fait monter l'argent à Rome (c); nous trouvons que Verrès avant ces tems de factions, régloit vingt-quatre pour cent pour l'argent qu'il avoit laissé dans les mains des Publicains; quoique Cicéron s'écrie contre cet article, ce n'est pas à cause de l'extravagante usure, mais à cause qu'il n'étoit pas ordinaire de prendre aucun intérêt en pareille occasion (d). A la vérité, l'intérêt tomba à Rome après l'établissement de l'Empire; mais il ne demeura jamais si bas pendant un tems un peu considérable, qu'il l'est dans les Etats commerçans des Siècles modernes †.

Parmi les autres inconvéniens que les Lacédémoniens firent éprouver aux Athéniens en fortifiant Décélie, Thucidide †† représente comme un des plus considérables qu'ils

---

(a) *Id. ibid.*
(b) *Id. ibid. & Æschines contra Ctesiph.*
(c) *Epist. ad Attic. Lib. 5. Epist. 21.*
(d) *Contra Verrem. Orat. 3.*
† Voyez le Discours IV.
†† *Liv. 7.*

ne pouvoient plus apporter leur blé de l'Eubée par terre, en passant par Oropus, mais qu'ils étoient obligés de s'embarquer & de faire voile autour du Promontoire de Sunium. Ce qui est un exemple surprenant de l'imperfection de la Navigation des Anciens; car le transport par eau n'est pas ici au-dessus du double de celui par terre.

Je ne me rappelle pas aucun passage de quelque ancien Auteur où l'accroissement d'une Ville soit attribué à l'établissement de quelque Manufacture. Le Commerce florissant, dont il est parlé, est principalement l'échange de ces Commodités pour lesquelles différens sols & différens climats sont propres. Le trafic du vin & de l'huile en Afrique, suivant Diodore de Sicile (*a*), étoit le fondement des richesses d'Agrigente. La situation de la Ville de Sybaris, suivant le même Auteur, étoit cause qu'elle étoit extrêmement peuplée, étant bâtie près des deux rivieres Crathys & Sybaris. Mais nous pouvons observer que ces deux rivieres ne sont pas navigables, & pouvoient seulement produire quelques vallées fertiles pour l'Agriculture, avantage si petit qu'un Ecrivain moderne en feroit à peine mention.

(*a*) *Liv. 13.*

La barbarie des anciens Tyrans, & l'amour extrême de la Liberté qui animoit ces Siècles, auroient banni néceſſairement tous les Marchands & Manufacturiers, & dépeuplé entierement un Etat qui auroit ſubſiſté ſur l'Induſtrie & le Commerce. Tandis que le cruel & ſoupçonneux Denys commettoit toutes ſes boucheries, quel eſt celui qui auroit voulu reſter expoſé à cette implacable barbarie, s'il n'avoit pas été retenu par des biens fonds, ou s'il avoit pû emporter avec lui quelque Art ou quelque Induſtrie pour ſe procurer ſa ſubſiſtance dans d'autres Pays? Les perſécutions de Philippe II. & de Louïs XIV. ont rempli toute l'Europe de Manufacturiers de Flandres & de France (*a*).

J'avoue que l'Agriculture eſt l'eſpèce d'Induſtrie qui eſt principalement requiſe pour la ſubſiſtance d'une multitude de Peuples; mais

(*a*) Ces Manufactures, ainſi tranſportées, pour me ſervir des expreſſions d'un autre Auteur Anglois, ont cauſé de plus grands dommages aux Etats qui les avoient perdues ſi inconſidérément. Ces objets innocens du Commerce ſont bientôt revenus *ſoûs la forme terrible d'Hommes & de Vaiſſeaux armés*, ont fait perdre au Roi d'Eſpagne la glus grande partie des Pays-Bas, & ont mis Louïs XIV. à la fin d'une guerre qui a ruïné ſon Royaume, dans le danger de le voir démembrer.

eſt-il poſſible que cette Induſtrie même puiſſe fleurir où les Manufactures & les autres
Arts ſont inconnus ou négligés? La Suiſſe
eſt à préſent un exemple très-remarquable,
où nous trouvons tout à la fois les plus habiles Cultivateurs de la terre, & les Trafi-
quans les plus médiocres qu’il y ait dans toute l’Europe. Nous avons raiſon de préſumer
que l’Agriculture fleuriſſoit puiſſamment en
Grèce & en Italie, du moins en des cantons
particuliers & en de certains tems; il ne nous
eſt pas auſſi bien prouvé que les Arts méchaniques aient atteint le même degré de perfection, ſpécialement ſi nous faiſons attention
à la grande égalité dans les anciennes Repu-
bliques, où chaque famille étoit obligée de
cultiver ſon propre petit champ avec le plus
de ſoin, pour pourvoir à ſa ſubſiſtance.

Mais eſt-ce raiſonner juſte que de conclure de ce que dans quelques exemples, l’Agriculture peut fleurir ſans le Commerce ou les
Manufactures, que dans une grande étendue
de Pays & pour des tems conſidérables, elle
ait pû ſubſiſter ſeule? La voye la plus naturelle pour l’encourager, eſt d’exciter les autres eſpèces d’Induſtrie, & de fournir par-là
à celui qui cultive la terre, un Marché où il
vende ſes denrées, & d’où il remporte en

retour les fortes de biens qui peuvent contribuer à fon plaifir & à fa jouïffance. Cette méthode eft infaillible & univerfelle, & comme elle eft plus mife en pratique dans ces Gouvernemens modernes que dans les Anciens, il y a à préfumer que les premiers font plus peuplés.

Tout homme, dit Xénophon (*a*), peut être un Fermier; il ne faut ni art ni habileté. Tout confifte dans une forte d'induftrie & d'attention au travail, une forte preuve qu'ainfi que Columelle paroît l'infinuer, l'Agriculture étoit encore affez mal connue dans le fiècle de Xénophon.

Toutes les chofes qui dans ces derniers tems ont été découvertes ou perfectionnées, n'ont-elles contribué en rien à rendre la fubfiftance des hommes plus aifée, & par conféquent à leur propagation? Notre habileté fupérieure dans les Méchaniques, la découverte du nouveau Monde qui a fi fort augmenté le Commerce, l'établiffement des Poftes, & l'ufage des Lettres de change doivent néceffairement avoir beaucoup contribué à l'encouragement des Arts & de l'Induftrie, & à la propagation des hommes. Si l'on ve-

____

(*b*) Oecon.

noit tout à coup à perdre ces avantages, quels dommages s'enfuivroient dans toute efpèce d'affaires & de travail ! Quelles multitudes de familles périroient fur le champ de befoin & de faim ! Il ne paroît pas même probable qu'aucune autre inftitution pût nous tenir lieu de ces nouvelles inventions.

Avons-nous aucun lieu de croire que la Police des anciens Etats fût comparable en quoi que ce foit à celle des Modernes, ou que les hommes fuffent alors également en fûreté, foit dans leurs maifons, foit dans leurs voyages par terre & par mer? Il n'eft pas douteux que tout homme qui voudra examiner cette queftion avec impartialité, ne nous donne la préférence fur ce point (a).

Ainfi en comparant le tout, il paroît impoffible de donner des raifons fatisfaifantes, pourquoi le monde auroit été plus peuplé dans les tems Anciens que dans les Modernes. L'égalité de biens parmi les Anciens, la Liberté & les petites divifions de leurs Etats, étoient, à la vérité, favorables à la propagation du Genre humain. Mais leurs guerres étoient plus fanglantes, leurs Gouvernemens plus factieux & plus incertains, le Commerce

____

(a) *Effais de Morale & de Politique*, Effai XV.

plus languiſſant, les Manufactures plus foibles, & la Police générale plus négligée & plus irréguliere. Ces derniers avantages paroîſſent former un contrepoids ſuffiſant aux premiers avantages, & favoriſent plutôt l'opinion oppoſée à celle qui prévaut communement ſur cette matiere.

Mais, me dira-t-on, il n'y a pas de raiſonnement à admettre contre les faits. S'il paroît que le monde étoit alors plus peuplé, qu'il ne l'eſt à préſent, nous devons être aſſûrés que toutes nos conjectures ſont fauſſes, & que quelque circonſtance eſſentielle dans la comparaiſon nous a échappé. J'avoue cela aiſément : je reconnois l'inſuffiſance de tous nos raiſonnemens précédens. Ce ne ſont au plus que quelques petites eſcarmouches, & quelques foibles rencontres qui ne décident rien; mais malheureuſement nous n'avons pas de quoi rendre le combat principal plus déciſif.

Les faits qui nous ſont tranſmis par les anciens Auteurs, ſont ſi incertains & ſi imparfaits, qu'ils n'offrent rien de ſatisfaiſant ſur cette matiere; & comment cela pourroit-il être autrement? puiſque les faits même qu'il faut leur oppoſer en calculant la grandeur des Etats modernes, ſont bien loin d'être ou

certains ou complets. Des Ecrivains célèbres (*a*) ont souvent établi leurs calculs sur

---

(*a*) Diodore de Sicile, *Liv. 1. Chap. 53. & 54.*
rapporte qu'il naquit plus de dix-sept cens enfans
mâles en Egypte, le même jour qui donna la naiffance au fameux Séfoftris, que le Pere de ce Monarque ordonna que l'on fit mener tous ces jeunes
Enfans à la Cour, & qu'on leur donnât la même
éducation qu'à son Fils. Perfuadé qu'élevés avec
le Prince dès leur plus tendre enfance, ils feroient
ses Amis, ses Généraux & ses Soldats les plus fi-
dèles & les plus affeftionnés. L'ingénieux & favant Docteur HALLEY part de-là, & donnant à
chaque jour à peu près un pareil nombre de mâles, calcule qu'il n'en devoit pas naître dans un an
moins de six cens vingt mille cinq cens; d'où il
conclut qu'il y avoit au-delà de dix-fept millions de
mâles en Egypte dans ce fiècle reculé, & en ad-
mettant un nombre égal d'Enfans de l'autre Sexe,
qu'il s'y trouva plus de trente-quatre millions d'a-
mes. Le calcul eft jufte; mais fur quoi porte-t-il?
Sur un fait, peut-être fabuleux comme tant d'autres, que les Hiftoriens ont rapporté de ce même
Séfoftris.

Ce célèbre Mathématicien a auffi établi une Régle par laquelle on peut à peu près déterminer le
nombre d'Habitans de quelque Ville, ou quelque
Etat que ce foit, par celui de fes Hommes de guerre. M. WALLACE, qui l'admet, compare les
Egyptiens & les François, & comptant ceux-ci au
nombre de feize ou vingt millions, & l'Armée que

des fondemens qui ne valoient pas mieux que ceux de l'Empereur Héliogabale, qui forma une eſtimation de l'immenſe grandeur de Rome, du poids de dix mille livres de toile

---

le Roi maintient ſur le pié de deux cens mille hommes, trouve que l'Egypte, ſuivant cette proportion, doit avoir contenu trente-deux ou quarante millions d'Habitans. Sans remonter plus haut que le commencement du Regne de Louïs XIV. lorſqu'il n'avoit encore que de petites Armées qui faiſoient de ſi grandes choſes, dans une pareille comparaiſon faite de ce tems-là, ſur les principes de M. HALLEY, la France auroit joué un bien plus petit rôle vis-à-vis de l'Egypte. Il n'y a pourtant pas apparence qu'elle fût alors moins peuplée. De nouvelles combinaiſons dans la Politique de l'Europe ont obligé depuis la France à tenir un plus grand nombre de Troupes ſur pié. On n'en doit pas conclure pour cela qu'elle ait aujourd'hui un plus grand nombre d'Habitans. Que feroit-ce ſi on faiſoit le même calcul ſous les Regnes de Louïs XI. ou de François I. & à plus forte raiſon ſous ceux de leurs Prédéceſſeurs ! La fauſſeté des réſultats ſuffiroit pour faire ſentir la témérité, & peut-être le ridicule de tous ces calculs ſur leſquels on bâtit de ſemblables ſyſtèmes. Les Anglois ſont convaincus qu'on peut tout calculer, & en cela ils ont raiſon ; mais ils ne prennent pas toûjours garde, s'ils ont les fondemens néceſſaires pour appuyer leurs calculs.

d'Araignées,

d'Araignées, qui furent trouvées dans cette Ville (*a*).

Il est à remarquer que les nombres de toute espèce sont incertains dans les anciens Auteurs, & ont été sujets à de plus grandes corruptions, qu'aucune autre partie du Texte. La raison en est bien sensible; les autres altérations d'ordinaire affectent le sens ou la Grammaire, & sont plus aisément apperçues par le Lecteur & par le Copiste.

On trouve peu d'énumérations des Habitans de quelque Pays par un ancien Auteur digne de foi, faites de maniere à fournir des vûes assez étendues de comparaison.

Il est probable qu'il y avoit anciennement des moyens de vérifier les nombres des Citoyens assignés à chaque Ville libre, parce qu'ils entroient pour une partie dans le Gouvernement, & que l'on en gardoit des Régistres exacts. Mais comme on ne fait jamais mention du nombre des Esclaves, cela nous laisse dans l'incertitude sur la quantité des Habitans d'une seule Ville.

La premiere page de Thucidide est, à mon avis, le commencement d'une Histoire réelle. Toutes les Histoires précédentes sont

---

(*a*) *Ælii Lamprid. in vitâ Heliogabalis, Cap. 28.*

tellement mêlées de Fables, que les Philo-
sophes doivent les abandonner en grande
partie à l'embellissement des Poëtes & des
Orateurs.

En général, il y a plus de candeur & de
sincérité dans les anciens Historiens; mais
moins d'exactitude & de soin. Nos factions
spéculatives, sur-tout celles de Religion,
nous fascinent tellement les yeux, que les
hommes semblent regarder l'impartialité,
avec leurs Adversaires & avec les Hérétiques,
comme un vice ou une foiblesse. Mais l'im-
pression, en rendant les Livres si communs,
oblige les Historiens modernes à éviter avec
plus de soin les incongruités & les contradictions. Diodore de Sicile est un bon Ecrivain; c'est pour cela même que je vois avec
peine que sa Narration contredit, en tant de
particularités, les deux Ouvrages les plus au-
thentiques de l'Histoire Grecque, à savoir,
l'Expédition de Xénophon, & les Oraisons
de Démosthène. Plutarque & Appien paroîssent à peine avoir lû les Epîtres de Cicéron.

A l'égard des tems éloignés, les nombres
des Habitans de chaque Ville, dont il est fait
mention, sont souvent trop ridicules pour
être d'aucune autorité. Les Citoyens libres
de Sybaris en état de porter les armes, & qui

furent mis en bataille, étoient au nombre de trois cens mille. Ils rencontrèrent à Siagra cent mille Citoyens de Crotone, autre Ville Grecque, qui leur étoit contigue & furent défaits par eux. C'est un fait que rapporte Diodore de Sicile, & sur lequel il insiste très-sérieusement (a). Strabon fait aussi mention du même nombre de Sybarites (b).

Diodore de Sicile (c) faisant le calcul des habitans d'Agrigente, lorsque cette Ville fut détruite par les Carthaginois, dit qu'ils montoient à vingt mille Citoyens, deux cens mille Etrangers, outre les Esclaves qui dans une Ville aussi opulente qu'il représente celle-ci, devoient pour le moins être aussi nombreux. Il est à remarquer que les femmes & les enfans n'y sont pas compris, & que par conséquent sur le tout, la Ville devoit contenir près de deux millions d'habitans (d). Et quelle étoit la raison d'un nombre si prodigieux? Les Agrigentins étoient très-industrieux à cultiver les champs voisins, qui n'ex-

***

(a) *Lib. 12.*
(b) *Lib. 6.*
(c) *Lib. 13.*
(d) Diogène de Laërte, dans la Vie d'Empédocle, dit qu'Agrigente contenoit seulement huit cens mille Habitans.

H ij

cédoient pas une petite Province d'Angleterre, & ils trafiquoient avec leur vin & leur
huile en Afrique, qui manquoit alors entièrement de toutes ces Denrées.

Ptolomée, dit Théocrité (*a*), commande
à trente trois mille trois cens trente neuf Villes.   Je suppose qu'il n'a assigné ce nombre
qu'à cause de sa singularité.   Diodore de Sicile † donne trois millions d'Habitans à
l'Egypte, nombre assurément très-modique;
mais il fait monter celui des Villes qu'elle
contenoit à dix-huit mille, ce qui est une contradiction évidente.

Il dit †† qu'il y avoit anciennement dans
ce Pays sept millions d'hommes; c'est ainsi
que les tems reculés ont toûjours été le plus
enviés & le plus admirés.

Je crois aisément que l'Armée de Xerxès
étoit extrêmement nombreuse, soit à cause
de la grande étendue de son Empire, soit en
conséquence de la folle coûtume des Nations
Orientales d'embarrasser leurs Camps d'une
multitude superflue. Mais aucun homme raisonnable citera-t-il les narrations merveilleu-
ses d'Hérodote comme une autorité? J'a-

____

(*a*) Idyll. 17.
† *Lib. 1.*
†† *Id. ibid.*

voue qu'il y a quelque chofe de très-fenfé dans l'argument de Lyfias fur ce fujet (*a*). Si l'Armée de Xerxès, dit-il, n'avoit pas été fi prodigieufement nombreufe, elle n'eût jamais fait un pont fur l'Hellefpont ; il lui auroit été plus aifé de faire faire aux hommes un trajet fi court, fur le grand nombre de vaiffeaux dont il étoit Maître.

Polybe dit † que les Romains entre la premiere & la feconde guerre Punique, étant menacés d'une invafion par les Gaulois, firent la revue de toutes leurs forces & de celles de leurs Alliés, & qu'elles fe trouvèrent monter à fept cens mille hommes en état de porter les armes; nombre prodigieux affurément & qui joint à celui des Efclaves, eft probablement plus que cette étendue de Pays ne comporte à préfent ††. Il femble cependant que le calcul ait été fait avec quelque exactitude, & Polybe nous donne le détail des particularités; mais n'a-t-on pas pû

(*a*) *Orat. funebris.*

† Liv. 2.

†† Le Pays qui fournit ce nombre n'étoit pas au-deffus du tiers de l'Italie ; à favoir, les Etats du Pape, la Tofcane & une partie du Royaume de Naples.

amplifier le nombre pour donner plus de courage au Peuple?

Diodore de Sicile fait monter la même énumération à près d'un million: ces variations sont suspectes. Il est évident qu'il suppose aussi que de son tems l'Italie n'étoit pas si peuplée, autre circonstance qui autorise nos soupçons: car qui peut croire que les Habitans de ce Pays aient diminué dépuis le tems de la premiere guerre Punique jusqu'à celui du Triumvirat?

Jules César, suivant Appien †, livra bataille à quatre millions de Gaulois, il en tua un million, & il en prit un autre prisonnier ††; en supposant que le nombre des Soldats de l'armée ennemie & celui des morts fussent en effet rapportés avec exactitude, ce qui n'est jamais possible; comment pourroit-on savoir combien souvent le même Homme est retourné dans les armées, ou comment distinguer les Soldats nouvellement enrégimentés des Anciens? On ne doit faire aucune attention à ces calculs exagérés, sur-tout lorsque

---

† *Celtica.*

†† *Plutarch. in vitâ Cæf.* ne fait monter cette armée de Gaulois qu'à trois millions. *Julian. in Cæfaribus*, à deux.

l'Auteur ne nous dit rien de la maniere dont ces calculs ont été faits.

Paterculus ne fait monter le nombre †
des Soldats tués par l'armée de Céſar qu'à quatre cens mille.   Ce compte paroît beaucoup plus raiſonnable, & en effet plus aiſé à concilier avec l'Hiſtoire de ces guerres, que le Conquérant a donnée lui-même dans ſes Commentaires.

On s'imagineroit que chaque circonſtance de la vie & des actions de Denys l'Ancien pourroit être regardée comme authentique, & exemte de toute exagération fabuleuſe, ſoit parce qu'il vivoit dans un tems où les Lettres fleuriſſoient dans la Grèce, ſoit parce que ſon principal Hiſtorien étoit Philiſtus, homme reconnu pour un grand génie, & qui étoit Courtiſan & Miniſtre de ce Prince. Mais pouvons-nous admettre qu'il eût ſur pié une armée de cent mille hommes d'Infanterie, & de dix mille de Cavalerie, & une Flotte de quatre cens Galères ††?   Il eſt à remarquer qu'il eſt ici queſtion de Troupes mercenaires qui ſubſiſtoient de leur paye, comme nos Armées en Europe: car les Citoyens étoient tout dèſarmés, & lorſqu'après

† *Lib. 2. Cap. 47.*
†† *Diod. Sic. Lib. 2.*

H iiij

Dion envahit la Sicile, & qu'il appella ſes Compatriotes pour venger leur Liberté, il fut obligé d'apporter des armes avec lui qu'il diſtribua parmi ceux qui le joignirent †.

Dans un Etat où l'Agriculture ſeule fleurit, il peut y avoir beaucoup d'Habitans, & s'ils ſont bien armés & bien diſciplinés, c'eſt une grande force qui eſt toûjours prête dans l'occaſion; mais on ne peut maintenir un Corps conſidérable de Troupes mercenaires, ſans Commerce & ſans Manufactures, ou ſans des Domaines très-étendus. Les Provinces-Unies n'ont jamais eû, ſoit ſur terre, ſoit ſur mer, les mêmes forces que celles que l'on dit avoir appartenu à Denys. Cependant elles poſſèdent un auſſi grand territoire, parfaitement bien cultivé, & ont infiniment plus de reſſource dans leur Commerce & leur Induſtrie. Diodore de Sicile avoue que de ſon tems même l'armée de Denys paroîſſoit incroyable; c'eſt-à-dire, comme je l'explique, paſſoit pour une pure fiction que l'on devoit à la flatterie outrée des Courtiſans, & peut-être à la vanité & à la Politique du Tyran lui-même.

La critique peut avec juſtice être ſoupçonnée de témérité, lorſqu'elle prétend corriger

______

† *Plutarch. in vita Dionyſ.*

ou difputer le fimple témoignage des Anciens Hiftoriens par quelque raifonnement
probable ou analogique; cependant la licence des Auteurs fur toute forte de fujets, &
particulierement à l'égard des nombres eft fi
grande, que nous devons toûjours demeu-
rer dans une efpèce de doute ou de réferve,
toutes les fois que les faits qu'ils avancent
s'écartent dans la moindre chofe des bornes
ordinaires de la nature & de l'expérience.
J'en choifirai un exemple dans l'Hiftoire Moderne. Le Chevalier Temple nous dit dans fes
Mémoires, qu'ayant eû une converfation libre avec Charles II. il avoit faifi cette occafion pour lui repréfenter l'impoffibilité d'in-
troduire dans cette Isle la Religion & le Gouvernement de France, principalement à caufe des grandes forces néceffaires pour foûmettre l'efprit & la liberté d'un Peuple fi
brave. „Les Romains, dit-il, furent forcés
„de tenir ici douze Légions (*a*) à ce deffein
„(une grande abfurdité) & Cromwell a laiffé
„une Armée de près de quatre-vingt mille

(*a*) Strabon, *Liv. 4.* dit qu'une Légion feroit
fuffifante, avec quelque peu de Cavalerie; mais
les Romains communement entretenoient une plus
grande force dans cette Isle, qu'ils n'ont jamais
pris la peine de fubjuguer entièrement.

H v

„hommes." Ce fait ne doit-il pas être re- gardé par les Critiques futurs, comme dé- montré lorſqu'ils le trouveront affirmé par un ſage & ſavant Miniſtre d'Etat, qui étoit Contemporain du fait, & qui adreſſe la pa- role ſur un ſujet dèſagréable à un grand Mo- narque qui étoit auſſi Contemporain, & qui avoit rompu ces mêmes forces quatorze ans auparavant. Cependant il eſt aiſé de prou- ver par des autorités inconteſtables, que lorſ- que Cromwel mourut, ſon Armée ne mon- toit pas à la moitié du nombre ci-deſſus allégué.

C'eſt une erreur ordinaire de conſidérer tous les Siècles de l'Antiquité, comme une même période de tems, & de calculer le nombre d'Habitans contenus dans les gran- des Villes, comme ſi ces Villes avoient été toutes Contemporaines. Les Colonies Grec- ques fleurirent extrêmement en Sicile durant le Siècle d'Alexandre; mais du tems d'Au- guſte, elles étoient tellement tombées que prèſque tout le produit de cette Isle fertile étoit conſommé en Italie †.

Examinons à préſent le nombre des Ha- bitans aſſignés aux Villes particulieres de

---

† Strabon, *Liv. 6.*

l'Antiquité ; & en omettant ce qui regarde Ninive, Babylone & la Thébes d'Egypte, renfermons-nous dans la Sphère de l'Hiſtoire réelle des Empires Grec & Romain. Il faut que j'avoue que plus je réfléchis ſur ce ſujet, plus je me ſens enclin au Scepticiſme à l'égard de cette grande Population attribuée aux anciens tems.

Platon (*a*) dit qu'Athènes eſt une très-grande Ville; & c'étoit ſûrement la plus grande de toutes les Villes Grecques (*b*), excepté Syracuſe qui étoit à peu près de la même grandeur dans le tems de Thucidide (*c*), & qui après s'accrut beaucoup au-delà. Car Cicéron † en parle comme de la plus grande des Villes Grecques de ſon tems, ne comprenant pas apparemment ni Antioche, ni Aléxandrie ſous cette dénomination. Athé-

---

(*a*) *Apolog. Socr.*

(*b*) Argos paroît auſſi avoir été une grande Ville ; car Lyſias ſe contente de dire qu'elle n'excédoit pas Athènes. *Orat. 34.*

(*c*) *Lib. 6.* Voyez auſſi *Plutarch. in vitâ Niciæ.*

† *Orat. contra Verrem, Liv. 4. Chap. 52.* Strabon, *Liv. 6.* dit qu'elle avoit vingt-deux milles de tour ; mais il faut conſidérer qu'elle contenoit deux Havres, dont l'un étoit très-vaſte, & pouvoit être regardé comme une eſpèce de rade.

née (*a*) dit que par le calcul de Démétrius Phaléréus, il y avoit à Athènes vingt-un mille Citoyens, dix mille Etrangers & quatre cens mille Esclaves.   Ceux dont je révoque l'opinion en doute, insistent beaucoup sur ce nombre, & ils le regardent comme un fait décisif pour leur sentiment.   Mais, à mon avis, il n'est pas douteux qu'Athénée & Ctésiclès qu'il cite, ne se soient ici trompés.   Le nombre des Esclaves est augmenté d'un chiffre entier, & ne doit être compté que pour quarante mille.

Premierement, lorsqu'Athénée (*b*) dit que le nombre des Citoyens étoit de vingt-un mille, il n'est question que des hommes faits; car Hérodote † dit qu'Aristagoras, Ambassadeur des Ioniens, trouva qu'il étoit plus difficile de tromper un Spartiate que trente mille Athéniens, voulant parler de tout l'Etat qu'il suppose réuni dans une Assemblée du Peuple, excluant les femmes & les enfans. Thucidide †† dit qu'en faisant des déductions pour les absens employés dans les Flottes,

---

(*a*) *Lib. 6. Cap. 20.*

(*b*) Démosthène en compte vingt mille.   *Contra Aristog.*

† *Liv. 5.*

†† *Lib. 8.*

l'Armée & les Garnifons, ou retenus par leurs affaires particulieres, les Affemblées des Athéniens n'ont jamais monté à cinq mille hommes. Les Troupes dont le même Hiftorien (*a*) fait l'énumération, & qui étoient toutes compofées de Citoyens, au nombre de treize mille hommes d'Infanterie armée, prouvent la même maniere de calculer.

Tous les Hiftoriens Grecs (*b*) ont fuivi cette méthode, & entendent toûjours parler d'hommes faits, lorfqu'ils donnent le nombre des Habitans † de quelque République. Ceux-ci donc étant le quatrième des Habitans d'Athènes, fur ce pié les Citoyens libres alloient à quatre-vingt-quatre mille, les Etrangers à quarante mille, & les Efclaves, en calculant par le plus petit nombre, & en les fuppofant mariés, & faifant des enfans, comme les hommes libres, à cent foixante mille ††. Ainfi tous les Habitans enfemble devoient faire à peu près deux cens quatre-vingt-quatre mille; un nombre affurément affez confidérable. L'autre calcul d'un mil-

---

(*a*) *Lib*.2. Le calcul de Diodore de Sicile s'accorde parfaitement avec celui-ci, *Lib.12.*

(*b*) Xénophon, *Mem. Lib.2.*

† *Lib.2.*

†† *De Ratione red.*

lion fept cens vingt mille, fait **Athènes** plus grande que Londres & Paris réunis.

Secondement, il n'y avoit que dix mille maifons à Athènes.

Troifièmement, quoique l'étendue des murs †, telle que Thucidide nous la donne, fût grande (à favoir dix-huit milles, outre la Côte de la Mer), cependant Xénophon dit qu'il y avoit de vaftes champs au-dedans des murs. Il paroît, à la vérité, qu'ils ont joint quatre Cités diftinctes & féparées.

Quatrièmement, les Hiftoriens ne parlent d'aucune révolte d'Efclaves, excepté un

---

† Obfervons que lorfque Denys d'Halicarnaffe dit, que fi l'on regarde les anciens murs de Rome, l'étendue de cette Ville ne paroîtra pas plus grande que celle d'Athènes, il faut qu'il entende l'Acropolis ou la Ville haute. Aucun ancien Auteur ne parle jamais du Pyrée, de Phalérus & de Micnychia, comme de la même chofe qu'Athènes. On peut encore beaucoup moins fuppofer que Denys ait voulu confidérer la matiere fous cet afpect, après que les murs de Cimon & de Périclès furent détruits, & qu'Athènes fut entièrement féparée de ces autres Villes. Cette obfervation fait tomber tous les raifonnemens de Voffius, & introduit le fens commun dans ces calculs.

trouble féditieux parmi ceux qui travail-
loient aux Mines (*a*).

Cinquièmement, Xénophon (*b*), Démofthène † & Plaute ††, difent que les Efclaves
étoient traités avec beaucoup de douceur &
d'indulgence, ce qui n'auroit pas été le cas,
fi la difproportion eût été de vingt à un. Elle
n'eft pas fi grande dans nos Colonies; cependant nous fommes obligés d'exercer fur nos
Nègres le Gouvernement Militaire le plus
rigoureux.

Sixièmement, aucun homme n'eft jamais
eftimé riche pour pofféder ce qui peut être
compté comme une égale diftribution de
propriété dans un Pays, ou même le triple
ou le quadruple de ce bien. Ainfi quelques
gens calculent que chaque perfonne en Angleterre dépenfe fix fols par jour, cependant
celui qui a cinq fois cette fomme à dépenfer,
eft encore regardé comme pauvre. Reve-
nons aux Anciens; au rapport d'Echine †††,
Timarche avoit jouï d'une affez grande fortune; il n'étoit cependant Maître que de

---

(*a*) Athénée, *Lib. 6.*
(*b*) *De Rep. Athen.*
† *Philipp. 3.*
†† *Sticho.*
††† *Contra Timarch.*

dix Esclaves employés aux Manufactures. Lysias & son frere, deux Etrangers furent proscrits par les quarante pour leurs grandes richesses; quoiqu'ils n'en eussent chacun que soixante (*a*). Démosthène fut laissé très-riche par son Pere, cependant il n'avoit pas plus de cinquante-deux Esclaves (*b*). L'Attelier de ses vingt Menuisiers d'Ebénisterie, est régardé comme une Manufacture très-considérable (*c*).

Septièmement, durant la guerre de Décélie, comme les Historiens Grecs l'appellent, vingt mille Esclaves désertèrent, & selon Thucidide (*d*) réduisirent les Athéniens à de grandes extrémités. Ceci n'auroit pû arriver si ces déserteurs n'eussent été que la vingtième partie des Esclaves, & les meilleurs n'auroient pas déserté.

Huitièmement, Xénophon (*e*) propose un plan pour entretenir aux dépens du Public dix mille Esclaves; & chacun, dit-il, se convaincra aisément que l'Etat en peut supporter un aussi grand nombre, en considérant

---

(*a*) *Orat. 11.*
(*b*) *Contra Aphob.*
(*c*) *Ibid.*
(*d*) *Lib.* 7.
(*e*) *De Ratione red.*

la

la quantité que nous en avions avant la guerre de Décélie ; maniere de parler entierement incompatible avec le nombre plus grand d'Athénée.

Neuvièmement, tout ce que les Athéniens payoient à l'Etat ne montoit pas à six mille talens, & quoique les nombres dans les anciens Manuscrits soient souvent soupçonnés par les Critiques, cependant celui-ci est incontestable, soit à cause que Démosthène (*a*) qui le donne, entre aussi dans les détails qui le vérifient, soit à cause que Polybe (*b*) assigne le même nombre, & en fait la base de ses raisonnemens. Or, l'Esclave le plus commun pouvoit gagner par son travail une obole par jour au-dessus de sa subsistance, comme nous l'apprenons de Xénophon †, qui dit que l'Intendant de Nicias payoit autant à son Maître pour chaque Esclave qu'il employoit au travail des Mines. Si l'on veut prendre la peine de supputer une obole par jour, & les Esclaves à quatre cens mille, en calculant seulement au denier vingt-cinq, on trouvera la somme de douze mille talens, en faisant même une déduction pour

(*a*) *De Classibus.*
(*b*) *Lib. 2. Cap. 62.*
† *De Ratione red.*

le grand nombre de Fêtes que l'on obfervoit à Athènes. D'ailleurs, plufieurs Efclaves tiroient de leur Art une valeur beaucoup plus grande. Le prix le plus bas que Démofthène † eftime les Efclaves de fon pere, eft de deux mines par tête; & fur cette fuppofition, il eft affez difficile, je l'avoue, de concilier même le nombre de quarante mille Efclaves avec le Cens de fix mille talens.

Dixièmemement, Thucidide †† dit que Chios contenoit plus d'Efclaves qu'aucune Ville de la Grèce, excepté Sparte. Donc Sparte en avoit alors plus qu'Athènes à proportion du nombre des Citoyens. Il y avoit de Spartiates neuf mille dans la Ville, trente mille dans le Pays *. Les Efclaves mâles alors au-deffus de vingt ans, devoient aller à plus de fept cens quatre-vingt mille, ce qui feroit en tout plus de trois millions cent vingt mille: nombre qu'il auroit été impoffible de faire fubfifter dans un Pays étroit & defert, tel que la Laconie qui n'avoit pas de Commerce. Si le nombre des Elotes eût été fi prodigieux, le maffacre de deux mille dont

----

† *Contra Aphob.*
†† *Lib. 8.*
* *Plutarch. in vitâ Lycurg.*

Thucidide * fait mention les auroit irrités sans les affoiblir.

D'ailleurs, il faut obferver que le nombre quel qu'il foit, affigné par Athénée **, comprend tous les Habitans de l'Attique auffi-bien que ceux d'Athènes. Les Athéniens aimoient beaucoup la vie de la Campagne comme nous l'apprenons de Thucidide †; & lorfqu'ils furent tous refferrés dans leur Ville par l'invafion de leur territoire durant la guerre du Péloponefe, la Ville ne fe trouva pas en état de les contenir, & ils furent obligés faute de logement, de coucher fous les Portiques, dans les Temples, & même dans les ruës ††.

La même remarque doit s'étendre à toutes les autres Villes de la Grèce; lorfqu'il eft queftion du nombre des Citoyens, nous de-

-----

* *Lib. 4.*

** Le même Auteur affûre que Corinthe avoit autrefois quatre cens foixante mille Efclaves; Egine, quatre cens foixante & dix mille : mais les raifonnemens précédens font bien forts contre ces faits. Il eft pourtant à remarquer qu'Athénée cite pour ce dernier fait, une autorité auffi grande que celle d'Ariftote. Le Scholiafte fur Pindare fait mention du même nombre d'Efclaves à Egine.

† *Lib. 2.*

†† *Id. ibid.*

vons toûjours l'entendre des Habitans du
Pays voiſin, auſſi-bien que de la Ville.   Cependant avec tout cela il faut avouer que la
Grèce étoit un Pays très-peuplé, & excédoit
de beaucoup ce que nous pourrions imaginer d'un ſi petit territoire, qui n'étoit pas
naturellement trop fertile, & qui ne tiroit
aucuns ſupplémens de blé des autres endroits.
Car excepté Athènes, qui commerçoit avec
le Pont * pour cette denrée, les autres Villes paroiſſent avoir ſubſiſté principalement
de leur territoire voiſin.

---

* *Demoſth. contra Lept*. Les Athéniens tiroient
annuellement du Pont, quatre cens mille Boiſſeaux
de blé, comme il paroiſſoit par les Régiſtres de la
Douane. En ce tems ils en tiroient peu d'aucune
autre place.   Ceci en paſſant eſt une forte preuve
qu'il y a quelque grande erreur dans le paſſage précédent d'Athénée;   car l'Attique étoit ſi ſtérile en
blé, qu'elle n'en produiſoit pas aſſez pour nourrir les Payſans. *Titi-Livii, Lib. 43. Cap. 6. Lucian.*
(*Navigium ſive vota*) dit, qu'un Vaiſſeau qui par
les dimenſions qu'il en donne, paroît avoir été environ de la grandeur de nos Vaiſſeaux du troiſième
rang, portoit autant de blé qu'il en falloit pour
faire ſubſiſter l'Attique pendant un **an**. Mais peut-
être qu'Athènes étoit déchue en **ce** tems; & d'ailleurs il n'eſt pas ſûr de ſe fier à **ces** calculs de Rhétorique purement arbitraires.

Rhodes eſt bien connue pour avoir été une Ville d'un Commerce très-étendu, & de beaucoup de reputation & de ſplendeur ; cependant elle ne contenoit que ſix mille Citoyens en état de porter les armes lorſqu'elle fut aſſiégée par Démétrius (*a*).

Thébes a toûjours été une des Villes Capitales de la Grèce (*b*), cependant elle ne l'emportoit pas ſur Rhodes par le nombre de ſes Habitans (*c*) ; Xénophon dit que Phliaſia eſt une petite Ville †. Nous trouvons néanmoins qu'elle contenoit ſix mille Citoyens ††. Je n'entreprendrai pas de concilier des faits auſſi contradictoires.

Mantinée étoit égale à quelque Ville d'Arcadie *, que ce fût, & par conſéquent elle étoit égale à Mégalopolis, qui avoit cinquante ſtades, ou ſix milles & un quart de circonférence ** ; cependant Mantinée n'avoit que trente mille Citoyens *** ; donc les Vil-

---

(*a*) *Diod. Sic. Lib. 20.*
(*b*) *Iſoc. Paneg.*
(*c*) *Diod. Sic. Lib. 15. & 17.*
† *Hiſt. Græc. Lib. 7.*
†† *Id. Lib. 7.*
* *Polyb. Lib. 2.*
** *Polyb. Lib. 9. Cap. 20.*
*** *Lyſias, Orat. 34.*

les Grecques contenoient souvent des champs & des jardins avec les maisons, donc nous ne pouvons juger du nombre de leurs Habitans par l'étendue de leurs murs. Athènes ne contenoit pas plus de dix mille maisons, tandis que ses murs avec la côte de la Mer avoient plus de vingt milles d'étendue. Syracuse étoit de vingt-deux milles en circonférence. A peine cependant a-t-il été remarqué par les Anciens, que cette Ville ait été plus peuplée qu'Athènes. Babylone étoit un quarré de quinze milles ou de soixante milles en circuit ; mais nous apprenons de Pline qu'il y avoit des enclos & de vastes champs cultivés. Le mur de Marc-Aurele étoit de cinquante milles de circonférence *. Le circuit de toutes les treize divisions de Rome, suivant Publius Victor, n'étoit que d'environ quarante-trois milles. Lorsque l'ennemi envahissoit le Pays, tous les Habitans se retiroient dans les murs des Villes avec leur bétail, leurs meubles, leurs instrumens d'Agriculture, &c. La grande hauteur des murs faisoit qu'un petit nombre d'hommes pouvoit les défendre facilement.

Sparte, dit Xénophon **, est une des Vil-

---

* *Vopiscus, in vitâ Aurel.*
** *De Rep. Laced.* Il n'est pas aisé de concilier

les de la Grèce qui a le moins d'Habitans; cependant Polybe (*a*) dit qu'elle avoit quarante huit ſtades de circonférence, & qu'elle étoit ronde.

Tous les Etoliens en état de porter les armes du tems d'Antipater, ne faiſoient que dix mille hommes (*b*).

Polybe nous dit que la Ligue Achéenne pouvoit, ſans aucun inconvénient, raſſembler trente ou quarante mille hommes, & ce calcul paroît très-probable; car cette Ligue comprenoit la plus grande partie du Péloponèſe: cependant Pauſanias (*c*), parlant du même tems, dit que tous les Achéens en état de porter les armes, même lorſque pluſieurs Eſclaves affranchis leur furent joints, ne montoient pas à plus de quinze mille.

Les Theſſaliens juſqu'à la derniere conquête qu'en firent les Romains, furent dans tous les tems, turbulens, factieux & ſéditieux *; ainſi il n'eſt pas naturel de ſuppoſer

---

ce paſſage avec celui de Plutarque, qui dit que Sparte avoit neuf mille Citoyens.

(*a*) *Polyb. Lib. 9. Cap. 20.*
(*b*) *Diod. Sic. Lib. 18.*
(*c*) *In Achäicis.*
* *Titi-Livii. Lib. 34. Cap. 51. Plato in Critone.*

que cette partie de la Grèce ait jamais été fort peuplée.

Tous les Habitans de l'Epire, de tout âge, de tout sexe, & de toute condition, qui furent vendus par Paul Emile, monterent seulement à cent cinquante mille *; cependant l'Epire n'avoit pas le double d'étendue de la Province d'Yorck **.

---

* *Titi-Livii, Lib. 45. Cap. 34.*

** Un Ecrivain moderne de France, dans ses *Observations sur les Grecs*, a remarqué que Philippe de Macédoine étant déclaré Capitaine-Général des Grecs, auroit été soûtenu par la force de deux cens trente mille hommes de cette Nation, dans l'expédition qu'il projettoit contre la Perse. Je suppose que ce nombre comprend tous les Citoyens libres de toutes les Villes : mais j'avoue que ma mémoire ne me rappelle pas sur quelle autorité ce calcul est fondé. Cet Auteur, quoique d'ailleurs très-ingénieux, a suivi une mauvaise méthode, de donner beaucoup d'érudition sans une citation. Mais en supposant que cette énumération pût être justifiée par de bonnes autorités, nous pouvons établir le calcul suivant. Les Grecs libres de tout âge & de tout sexe, étoient au nombre de neuf cens vingt mille. Les Esclaves, en les calculant comme ci-dessus par le nombre des Esclaves Athéniens, qui rarement étoient mariés ou avoient des familles, étoient le double des Citoyens mâles, en état de porter les armes c'est-à-dire, quatre cens soixan-

Nous pouvons examiner à préfent le nombre du Peuple dans Rome & dans l'Italie, & ramaffer le peu que l'on a de lumiere difperfée dans des paffages des Auteurs anciens. Nous trouverons de grandes difficultés à fixer aucune opinion fur ce fujet, & aucunes raifons pour appuyer ces calculs exagérés, que les Ecrivains Modernes font tant valoir.

Denys d'Halicarnaffe (*a*) dit que les anciens murs de Rome avoient à peu près la même circonférence que ceux d'Athènes; mais que l'étendue des Fauxbourgs étoit immenfe, & que l'on ne favoit ni où la Ville finiffoit, ni où la Campagne commençoit. Il paroît par le même Auteur (*b*), par Juvénal *, & par quelques autres Auteurs anciens **, que dans quelques endroits de Ro-

---

te mille, & tous les Habitans de l'ancienne Grèce, environ un million trois cens quatre-vingt mille, nombre qui n'eft pas confidérable, & qui n'excède pas de beaucoup ce que l'on peut trouver à préfent en Ecoffe, pays qui eft à peu près de la même étendue & qui eft affez mal peuplé.

(*a*) *Lib.* 4.
(*b*) *Lib.* 10.
* Satyre III. Liv. 269. & 270.
** Strabon, *Lib.* 5. dit que l'Empereur Augufte défendit d'élever les maifons plus haut de foixan-

me, les maisons étoient très-élevées, & que les familles vivoient à des étages différens l'une au-dessus de l'autre. Mais il y a apparence que ce n'étoient que les Citoyens les plus pauvres, & seulement dans un petit nombre de rues.

Si nous en pouvons juger par la description que fait Pline le Jeune * de sa mai-

---

te & dix pieds. Dans un autre passage, *Liv. 16.* il parle des maisons de Rome, comme étant prodigieusement hautes. Voyez aussi à ce sujet Vitruve, *Liv. 2. Chap. 8.* Aristides le Sophiste, dans son Oraison εἰς Ῥώμην, dit que Rome étoit composée de Villes situées sur le sommet d'autres Villes, & que si on venoit à l'étendre, elle couvriroit la surface entiere de l'Italie. Lorsqu'un Auteur se permet des déclamations aussi extravagantes, & qu'il donne si fort dans le style hyperbolique, on ne sait jusqu'à quel point il faut le réduire: mais ce raisonnement paroît naturel, si Rome étoit bâtie d'une maniere aussi éparse que Denys le dit; & si elle s'étendoit si considérablement dans la Campagne, il doit y avoir eû peu de rues où les maisons fussent si hautes. C'est seulement faute de terrein, que quelqu'un bâtit d'une maniere si incommode.

* *Lib. 2. Epist. 16. Lib. 5. Epist. 6.* Pline décrit là une maison de Campagne; mais puisqu'elle étoit selon l'idée que les Anciens avoient d'un bâtiment magnifique & commode, les gens riches bâtissoient

fon, & par les plans des anciens bâtimens de *Bartoli*, les gens de qualité avoient des Palais très-fpacieux, & leurs édifices étoient comme les maifons des Chinois aujourd'hui, où chaque appartement eft féparé du refte, & ne s'éleve pas plus haut qu'un feul étage. A quoi fi nous ajoûtons que la Nobleffe Romaine affectoit fort les portiques très-étendus, & même des bois * dans la Ville, nous pourrons peut-être accorder à Voffius (quoiqu'il n'y ait aucune forte de raifon pour cela) de lire à fa maniere le fameux paffage de Pline l'Ancien **, fans

---

fûrement à la Ville dans le même goût. *In laxitatem ruris excurrunt*, dit Sénèque des Riches & des Voluptueux, *Epift. 114.* Valere Maxime, *Liv. 4. Chap. 4.* parlant du Champ de quatre Acres de Cincinnatus, dit : *Angufte fe habitare nunc putat, cujus domus tantum patet, quantum Cincinnati rura parverant.* Voyez à ce fujet le *Livre 36. Chap. 15.* & auffi le *Livre 18. Chap. 2.*

* Vitruve, *Lib. 5. Cap. 11.* Tacite, *Annal. Lib. 11. Cap. 3.* Suétone, *in vitâ Octav. Cap. 72. &c.*

** *Mœnia ejus (Romæ) collegere ambitu Imperatoribus, Cenforibufque Vefpafianis, A. U. C. 828. Paff. XIII. M. CC. Complexa montes feptem, ipfa dividitur in regiones quatuordecim, compita earum, 165. Ejufdem fpatii menfura, currente a milliario in capite Rom. Fori ftatuto ad fingulas portas quæ funt*

admettre les conséquences extravagantes qu'il en tire.

---

hodiè numero 37. ita ut duodecim portæ semel numerentur, prætereanturque ex veteribus septem, quæ esse desierunt, efficit passuum per directum 30775. Ad extrema verò tectorum cum castris prætoriis ab eodem milliario, per vicos omnium viarum, mensura collegit paulo amplius septuaginta millia passuum. Quo si quis altitudinem tectorum addat, dignam profectò æstimationem concipiat, fateaturque nullius urbis magnitudinem in toto orbe potuisse ei comparari. Pline, *Lib. 3. Cap. 5.*

Dans tous les meilleurs Manuscrits de Pline, ce passage se lit tel qu'il est ici rapporté & l'enceinte des murs de Rome est fixée à treize milles. La seule question est de savoir ce que Pline entend par 30775. pas, & comment ce nombre étoit formé. La maniere dans laquelle je le conçois est celle-ci. Rome étoit un demi-cercle de treize milles de circonférence. Le *Forum*, & par conséquent la Colonne milliaire, comme nous le savons, étoient situés sur les bords du Tibre & près du centre du cercle, ou sur le diamétre du demi-cercle. Quoiqu'il y eût trente sept portes à Rome, cependant il n'y en avoit que douze, dont les rues fussent assez larges pour conduire à la Colonne milliaire. Pline donc ayant fixé la circonférence de Rome, & sachant que cela ne suffisoit pas pour donner une idée de la surface, employe encore ce moyen. Il suppose toutes les rues conduisant de la Colonne aux douze portes, mises au bout l'une de l'autre

Le nombre des Citoyens qui recevoient

sur une seule ligne, & que nous parcourons cette ligne de maniere à compter successivement les douze rues, dans lequel cas il dit que toute la ligne est de 30775 pas; ou en d'autres mots, que chaque rue ou rayon du demi-cercle est de deux milles & demi, & que toute la longueur de Rome est de cinq milles, & sa largeur d'environ moitié autant, outre les Fauxbourgs épars.

Le P. HARDOUIN entend ce passage de la même maniere, en ce qu'il est question d'y mettre les différentes rues de Rome sur une ligne pour faire 30775 pas: mais il suppose que les rues conduisoient du Milliaire à chaque Porte, & qu'aucune rue n'excédoit 800. pas de longueur. Or un demi-cercle, dont le rayon auroit été seulement de 800. pas, n'auroit pas pû avoir une circonférence de treize milles, qui est la mesure que Pline donne à l'enceinte de Rome. Un rayon de deux milles & demi forme bien près de cette circonférence. Il y a une absurdité à supposer une Ville bâtie de maniere que les rues se rendent au centre de chaque Porte dans sa circonférence. D'ailleurs son explication diminue trop de la grandeur de l'ancienne Rome, & réduit cette Ville au-dessous même de Bristol ou de Rotterdam.

Le sens que Vossius *(Observationes variæ)* donne à ce passage de Pline, péche étrangement par l'autre extrême. Un Manuscrit qui n'est d'aucune autorité, au-lieu de treize milles fixe trente milles pour l'étendue des murs de Rome; & Vossius l'en-

du blé par la distribution publique du tems

tend seulement de la partie Curviligne de la circonférence, suppofant que comme le Tibre formoit
le diamétre, il n'y avoit pas de murs de ce côté :
mais on convient que cette leçon eft contraire à
prèfque tous les Manufcrits. Pourquoi Pline,
Ecrivain Contemporain, auroit-il répèté la grandeur des murs de Rome en deux paffages fucceffifs ?
Pourquoi la répèter avec une variation fi fenfible.
Que voudroit dire Pline en parlant deux fois du
Milliaire, fi la ligne mefurée n'avoit pas été dépendante du Milliaire ? Vopifcus dit, que les murs
d'Aurélien ont été tirés *Laxiore ambitu*, & qu'ils
ont compris tous les bâtimens & Fauxbourgs du
côté du Nord du Tibre; cependant fon enceinte
n'étoit que de cinquante milles, & les Critiques
ne laiffent pas de foupçonner ici quelque erreur
ou corruption dans le Texte.

Il n'eft pas probable que Rome ait diminué depuis le tems d'Augufte à celui d'Aurélien; elle demeura toûjours la Capitale du même Empire, &
dans ce long intervalle, aucune des guerres civiles, excepté les tumultes à la mort de Maxime &
de Balbin, n'a jamais affecté la Ville. Aurélius
Victor dit que Rome a été augmentée par Caracalla. Il n'y a point de refte d'anciens bâtimens
qui annoncent une pareille grandeur de Rome.
La Réplique de Voffius à cette objection paroît abfurde, que les décombres des bâtimens feront à
foixante ou foixante & dix piés fous terre. Il paroît par Spartian *(in vitâ Severi)* que la Pierre de

d'Augufte, étoit de deux cens mille *. Il sembleroit que sur ce fait on pourroit fonder un calcul affez certain, mais il eft accompagné de circonftances qui nous rejettent dans le doute & dans l'incertitude.

---

cinq milles, *in via Lavicana*, étoit hors de la Ville. Olympiodorus & Publius Victor fixent le nombre des maifons de Rome entre quarante & cinquante milles. L'extravagance même des conféquences que tire ce Critique, auffi-bien que Lipfius, fi elles font néceffaires, détruifent les fondemens fur lefquels elles font établies, que Rome contenoit quatorze millions d'Habitans, tandis que fuivant fon calcul, tout le Royaume de France n'en contient que cinq.

La feule objection, contre l'explication que j'ai donnée ci-deffus au paffage de Pline, paroît confifter en ce que Pline, après avoir parlé des trente-fept Portes de Rome, donne feulement une raifon pour fupprimer les fept anciennes, & ne dit rien des dix-huit Portes, dont les rues qui en venoient, fe terminoient, à mon avis, avant que de parvenir au *Forum*. Mais comme Pline écrivoit pour les Romains, qui connoiffoient parfaitement la difpofition des rues, il n'eft pas étrange qu'il ait pris pour accordée une circonftance qui étoit fi familiere à tout le monde. Peut-être auffi que plufieurs de ces rues conduifoient à des Quais fur la Riviere.

* *Ex monument. Ancyr.*

N'y avoit-il que les pauvres Citoyens qui reçuſſent la diſtribution? Il eſt ſûr qu'elle ſe faiſoit principalement en leur faveur. Mais il paroît par un paſſage de Cicéron (*a*), que les Riches pouvoient auſſi prendre leur portion, & qu'on ne leur faiſoit aucun reproche de la demander.

A qui ce blé étoit-il donné? Etoit-ce ſeulement aux Chefs de famille, ou bien à chaque Homme, Femme & Enfant? La portion chaque mois étoit pour chacun de cinq de ces meſures, que les Romains appelloient *Modii* (environ $\frac{5}{6}$ d'un Boiſſeau); c'étoit trop peu pour une famille, & trop pour un particulier. Un très-exact Antiquaire (*b*) conclut donc que ce blé étoit donné à tout homme d'un âge fait; mais il avoue que la choſe eſt incertaine.

Recherchoit-on exactement ſi celui qui demandoit, demeuroit dans l'enceinte de Rome, ou ſuffiſoit-il qu'il ſe préſentât à la diſtribution qui ſe faiſoit tous les mois, ce qui paroît plus probable (*c*)?

______

(*a*) *Tuſc. Quæſt. Lib. 3. Cap. 48.*
(*b*) *Nicolaus Hortenſius, de re frumentaria Rom.*
(*c*) Pour ne pas trop détourner les Peuples de leurs affaires, Auguſte ordonna que la diſtribution de blé ſe fît ſeulement trois fois par an. Mais

N'y

N'y avoit-il pas des gens qui demandoient fans avoir de droit? Il eft rapporté que Céfar en retrancha à la fois cent foixante & dix mille, qui s'étoient gliffés fans avoir de jufte titre, & il n'eft guères probable qu'il ait rémédié à tous les abus.

Mais enfin quelle proportion d'Efclaves faut-il affigner à ces Citoyens? C'eft ce qu'il y a de plus important & de plus incertain dans la queftion. Il eft fort douteux fi l'on peut établir Athènes, comme une règle pour Rome. Peut-être que les Athéniens * avoient plus d'Efclaves, parce qu'ils les employoient aux Manufactures, pour lefquelles une Ville Capitale, telle que Rome, ne paroît pas fi propre. Peut-être que de l'autre côté les Romains avoient plus d'Efclaves, à caufe de la fupériorité de leur luxe & de leurs richeffes.

On gardoit à Rome exactement les Liftes de mortalité: mais aucun ancien Auteur ne

---

le Peuple trouvant la diftribution par mois plus commode (comme confervant, je fuppofe, une économie plus réguliere dans leur famille) fouhaita qu'on la rétablît. *Sueton. Auguft. Cap. 40.* Si plufieurs du Peuple n'étoient venus de quelque diftance pour recevoir leur blé, la précaution d'Augufte auroit été fuperflue.

* *Sueton. in Jul. Cap. 41.*

Tome II. K

nous a donné le nombre des Enterremens, excepté Suétone (*a*), qui nous dit que dans une faison il y eut trente mille noms portés au Temple de la Déeffe Lybitina: mais c'étoit durant la Pefte, ce qui fait que l'on n'en peut rien conclure avec quelque certitude.

Le blé public, quoique diftribué feulement à deux cens mille Habitans, intéreffoit confidérablement toute l'Agriculture d'Italie; c'eft un fait que l'on ne peut concilier qu'avec quelques exagérations modernes des Habitans de ce Pays.

Ce que je trouve de plus propre à établir quelque conjecture touchant la grandeur de l'ancienne Rome eft ceci: Nous favons par Hérodien (*b*) qu'Antioche & Aléxandrie étoient peu inférieures à Rome. Il paroît par Diodore de Sicile (*c*), qu'une rue droite d'Aléxandrie allant d'un Port à l'autre, étoit longue de cinq milles, & comme Aléxandrie étoit beaucoup plus étendue en longueur qu'en largeur, elle paroît avoir été une Ville

______

(*a*) *In vitâ Neronis.*
(*b*) *Sueton. Aug. Cap. 42.*
(*c*) *Lib. 17.*

à peu près de la grandeur de Paris (*a*), & Rome environ de celle de Londres.

(*a*) Quinte-Curce dit que ſes murs n'avoient que dix milles de circonférence lorſqu'Aléxandre les fonda. Strabon, qui avoit voyagé à Aléxandrie, auſſi-bien que Diodore de Sicile, dit qu'elle avoit à peine quatre milles de longueur & dans la plûpart des endroits environ un mille de largeur, *Liv.* 17. Pline dit qu'elle reſſembloit à un long vêtement Macédonien s'étendant par le bas, *Liv. 5. Cap.* 10. Nonobſtant cette grandeur d'Aléxandrie, qui paroît aſſez modérée, Diodore de Sicile parlant de ſon enceinte, telle qu'elle a été fixée par Aléxandre (& qu'elle n'a jamais excédée, comme nous l'apprenons d'Ammien Marcellin, *Lib. 22. Cap. 16.*) dit qu'elle étoit μεγίδα διαφέρουσα, extrêmement grande, *Ibid.*

La raiſon pour laquelle, ſelon lui, elle ſurpaſſe toutes les autres Villes du monde (car il n'excepte pas Rome) eſt qu'elle contenoit trois cens mille Habitans libres. Il fait auſſi mention du revenu des Rois, à ſavoir, 6000, comme d'une circonſtance qui concourt à le prouver. Somme qui à nos yeux n'eſt pas ſi conſidérable, en y comprenant même ce que la différence de valeur d'argent peut exiger d'augmentation. Ce que Strabon dit du pays voiſin, ſignifie ſeulement qu'il étoit bien peuplé, οἰκαμένη καλῶς. Ne pourroit-on pas avancer, ſans une grande hyperbole, que tous les bords de la Tamiſe, depuis Graveſende juſqu'à Windſor, font une Ville? C'eſt ce que Strabon dit des bords

Du tems de Diodore de Sicile (*a*), il y avoit à Aléxandrie trois cens mille perſonnes libres, je ſuppoſe que c'eſt en y comprenant les Femmes & les Enfans (*b*). Mais quel pouvoit être le nombre des Eſclaves? ſi nous avions quelque fondement raiſonnable pour les fixer à un nombre égal à celui des Habitans libres, cela favoriſeroit le calcul précédent.

Il y a un paſſage dans Hérodien qui eſt un peu ſurprenant; il dit poſitivement que le Palais de l'Empereur étoit auſſi grand que le

---

du Lac Maréotis & du Canal Canopus. C'eſt une phraſe commune en Italie que le Roi de Sardaigne n'a qu'une Ville en Piémont; car il eſt tout une Ville. Agrippa dans Joſeph. *de Bello Judaïc. Lib. 2. Cap. 16.* pour faire comprendre l'exceſſive grandeur d'Aléxandrie qu'il tâche d'amplifier, décrit ſeulement l'enceinte de la Cité, telle qu'elle a été tracée par Aléxandre; ce qui prouve clairement que le gros des Habitans logeoient dans la Ville, & que la Campagne voiſine n'étoit pas autre que ce que l'on doit naturellement attendre aux environs de toutes les grandes Villes, c'eſt-à-dire, très-bien cultivée & bien peuplée.

(*a*) *Lib.* 7.

(*b*) Il dit, ἐλαθεροι & non πολῖται, ce que l'on doit avoir entendu des Citoyens, hommes faits.

reſte de la Ville (*a*). Il s'agit ici de celui de Néron, qui, à la vérité, eſt repréſenté par Suétone (*b*) & par Pline (*c*), comme étant d'une énorme étendue; mais aucune imagination ne peut ſe prêter à concevoir qu'il ait eû aucune proportion avec une Ville telle que Londres.

(*a*) *Lib.4.Cap.1.* πάσης πόλεως. Politien l'interprete, *Ædibus majoribus etiam reliqua Urbe.*

(*b*) Il dit (*in Nerone, Cap.30.*) qu'un Portique, ou une place de ce Palais, avoit trois mille piés de long: *Tanta laxitas ut Porticus triplices milliarias haberet.* Ce paſſage ne peut ſignifier trois miles; car toute l'étendue du Palais, depuis le Mont Palatin au Mont *Eſquilius*, n'étoit pas à beaucoup près ſi grande. Ainſi lorſque *Vopiſcus, in Aureliano*, parle d'un Portique dans les jardins de Salluſte, qu'il appelle *Porticus milliarenſis;* il faut entendre de mille piés.

De même dans Horace, Liv. 2. Ode XV.

> . . . . . . *Nulla decempedis*
> *Metata privatis opacam*
> *Porticus excipiebat Arcton.*

Il dit auſſi Liv. 1. Satyre VIII.

Mille pedes in fronte, trecentos cippus in agrum
Hic dabat.

(*c*) Lib. 36. Cap. 15. *Bis vidimus urbem totam cingi domibus principum, Caji ac Neronis.*

Il est à remarquer que si l'Historien eût raconté les extravagances de Néron, & qu'il eût fait usage de cette expression, elle auroit eú beaucoup moins de poids, ces exagérations de Rhétorique se glissent insensiblement dans le style de l'Auteur, même le plus sage & le plus correct; mais Hérodien ne parle de ce Palais qu'en passant, en racontant les querelles entre Géta & Caracalla.

Il paroît par le même Historien (a) qu'il y avoit alors beaucoup de terre qui n'étoit point cultivée, & dont on ne tiroit aucun usage; il loue beaucoup Pertinax d'avoir permis à chacun de s'emparer de pareilles terres & de les cultiver selon sa fantaisie sans payer aucune taxe. *Des terres sans culture & dont on ne tiroit aucun usage!* C'est ce qui est inouï dans aucun Pays de la Chrétienté, excepté peut-être en quelques parties éloignées de la Hongrie, comme j'en ai été informé: ce fait assurément s'accorde très-mal avec l'idée dont on est si préoccupé, que l'Europe anciennement étoit si prodigieusement peuplée.

Nous apprenons par Vopiscus (b) qu'il y avoit dans l'Etrurie beaucoup de terre fer-

______

(a) *Lib. 2. Cap. 15.*
(b) *In Aurelian. Cap. 48.*

tile fans culture, que l'Empereur Aurélien avoit intention de convertir en vignes pour fournir au Peuple Romain une diftribution gratuite de Vin, ce qui étoit l'expédient le plus propre pour dépeupler encore davantage cette Capitale & tous les territoires voifins.

Il n'eft pas hors de propos de rappeller ici le compte que rend Polybe *, des grands troupeaux de Cochons que l'on rencontroit dans la Tofcane & dans la Lombardie, auffi-bien que dans la Grèce, & de la maniere de les nourrir qui étoit alors en ufage. „Il y a, „dit-il, de grands troupeaux de Cochons „par toute l'Italie, & c'eft particulierement „dans l'Etrurie & dans la Gaule Cifalpine, „qu'autrefois il y en avoit le plus. Un „troupeau contient mille Cochons ou plus: „lorfqu'un de ces troupeaux à la pâture en „rencontre un autre, ils fe mêlent enfemble, „& les Pâtres qui les conduifent, n'ont point „d'autre expédient pour les féparer, que d'al-„ler à des quartiers différens où ils fonnent „leurs cornets; ces animaux étant accoutu-„més à ce fignal, courent immédiatement „chacun au cornet de fon propre Conduc-

* *Lib. 12. Cap. 8.*

K iiij

„teur. Au lieu que dans la Grèce, s'il arri-
„ve que des troupeaux de Cochons viennent
„à se mêler dans les forêts, celui qui en a le
„plus grand nombre saisit adroitement cette
„occasion de les emmener tous. Et les vo-
„leurs sont très-attentifs à dérober les Co-
„chons, qui en cherchant de la pâture, se
„sont écartés à une grande distance du Pâtre
„qui les garde.''

Ne pourrions-nous pas inférer de ce récit, que le Nord de l'Italie étoit alors moins peuplé & plus mal cultivé qu'à présent? Comment ces nombreux troupeaux pouvoient-ils trouver de la pâture dans un Pays si cultivé, si fermé de hayes, si divisé par fermes, enfin autant planté de vignes & de blés mêlés ensemble? Je suis obligé d'avouer que la description de Polybe a plus l'air de ce qui se passe dans nos Colonies Américaines, que des usages d'une Province Européenne.

Nous trouvons une réfléxion dans les Etiques d'Aristote †, qui, ce me semble, ne peut s'accorder avec aucune supposition, & qui en prouvant trop en faveur de notre raisonnement présent, peut passer réellement

---

† *Lib. 9. Cap. 10.* Son expression est ἄνθρωπος, & non πολίτης, Habitans & non Citoyens.

pour ne prouver rien. Ce Philofophe trai-
tant de l'amitié, & obfervant que cette liai-
fon ne doit ni être bornée à très peu, ni s'é-
tendre à une grande multitude, explique fon
avis par l'argument fuivant. „De la même
„maniere, dit-il, qu'une Ville ne fauroit fub-
„fifter, fi elle a auffi peu d'Habitans que dix,
„ou autant que cent mille; ainfi dans le
„nombre des amis, on doit obferver un cer-
„tain milieu, & l'on détruit l'effence de l'a-
„mitié en donnant dans un de ces deux ex-
„trêmes." Quoi! trouver impoffible qu'une
Ville puiffe contenir cent mille Habitans!
Ariftote n'avoit-il jamais vû ni entendu parler d'une Ville qui fût à peu près auffi peuplée? J'avoue que ceci paffe ma conception.

Pline † dit que Séleucie, le Siège de
l'Empire Grec en Orient, paffoit pour contenir fix cens mille Habitans. Strabon ††
dit que Carthage en a contenu fept cens mille. Les Habitans de Pékin ne font pas beaucoup plus nombreux, Londres, Paris & Conftantinople, peuvent admettre à peu près le
même calcul; du moins les deux dernieres
Villes ne l'excèdent pas *. Nous avons dé-

---

† *Lib. 6. Cap. 28.*

†† *Lib. 17.*

* Quoiqu'on faffe d'ordinaire monter le nom-

ja parlé de Rome, d'Aléxandrie & d'Antioche. A en juger par l'expérience des Siècles passés & présens, il y a une espèce d'impossibilité dans la nature des choses, qu'aucune Ville puisse jamais s'élever beaucoup au-dessus de cette proportion. Soit que le Commerce ou le Siège de l'Empire fassent la grandeur d'une Ville, il paroît y avoir des obstacles invincibles qui préviennent un accroissement plus considérable. Les Sièges des vastes Monarchies en introduisant un luxe extravagant, des dépenses irrégulieres, la paresse, la dépendance, & de fausses idées de rang & de supériorité, ne sont pas propres pour le Commerce. Lorsqu'une grande Cour entraîne la présence d'une noblesse nombreuse qui

---

bre des Habitans de Paris à huit cens mille personnes, M. DUPRÉ DE SAINT-MAUR estime qu'il est *au-dessous de six cens mille, en comptant même les Enfans qui viennent de naître.* Voyez Pages 58. & suivantes de ses *Réflexions sur le Rapport entre l'Argent & les Denrées,* les probabilités sur lesquelles il fonde son opinion.

Cet Ouvrage est rempli de Recherches curieuses & de calculs très-exacts sur cette matiere; & par-là peut-être utile, non-seulement pour éclaircir plusieurs points de l'Antiquité, mais même pour le bon ordre des Finances. ESSAI SUR LES MONNOIES, *A Paris, chez* J. B. Coignard, 1746.

posséde de trop grandes fortunes, ceux d'un rang inférieur demeurent dans les Villes de Province où ils peuvent faire figure avec un revenu modique. Et si les domaines d'un Etat parviennent à une grandeur énorme, il s'éleve nécessairement plusieurs Capitales dans les Provinces plus éloignées, où excepté quelques Courtisans, les Habitans du Pays se rassemblent pour leur éducation, leur fortune & leur amusement †. Londres en unissant un Commerce très-étendu & un Empire assez médiocre, est peut-être parvenu à une grandeur qu'aucune Ville ne sera en état de passer.

Choisissez Douvres ou Calais pour un Centre ; tracez un cercle dont le rayon soit de deux cens mille ; vous comprendrez Londres, Paris, les Pays-Bas, les Provinces-Unies, & quelques-unes des Provinces de France & d'Angleterre les mieux cultivées. Je ne craindrai pas d'affirmer qu'on ne peut trouver dans l'Antiquité aucun espace de terrein de pareille étendue qui ait contenu autant de

---

† Telles étoient Aléxandrie, Antioche, Carthage, Ephèse, Lyon, sous l'Empire Romain. Telles sont à présent Bourdeaux, Touloufe, Dijon, Rennes, Rouen, Aix, &c. en France : Dublin, Edimbourg & Yorck dans la Grande-Bretagne.

Villes grandes & peuplées, & fournies d'autant de richesses & d'Habitans. La méthode de comparaison la plus sûre me paroît être de balancer dans les deux Périodes de tems, les Etats qui ont possèdé le plus d'Arts, de connoissances & de politesse, & la meilleure forme de Gouvernement.

C'est une observation de l'Abbé Du Bos †, que le climat d'Italie est à présent plus chaud qu'il ne l'étoit dans les tems anciens. „Il est „écrit, dit-il, dans les Annales de Rome, que „dans l'année 480. de sa fondation, l'Hyver „fut si rigoureux qu'il détruisit les arbres. „Le Tibre gela à Rome, & fut couvert de „neige pendant quarante jours. Lorsque Ju- „venal †† décrit une femme superstitieuse, „il la représente cassant la glace du Tibre, „afin de pouvoir faire ses ablutions.″

Hybernum fracta glacie descendet in amnem,
Ter matutino Tyberi mergetur.

„Il parle de cette riviere gelée, comme „d'un évènement ordinaire. Plusieurs pas- „sages d'Horace supposent les rues de Rome „pleines de neige & de glace. Nous sau- „rions mieux à quoi nous en tenir sur ce fait,

---

† Vol. 2. Sect. 16.
†† Satyre VI.

„fi les Anciens euffent connu l'ufage des
„Thermometres; mais leurs Ecrivains, fans
„fe l'être propofé, nous donnent des infor-
„mations fuffifantes pour nous convaincre
„que les Hyvers font à préfent plus tempé-
„rés à Rome qu'anciennement.   Aujour-
„d'hui, le Tibre ne gele pas plus à Rome que
„le Nil au Caïre.   Les Romains trouvent un
„Hyver très-rigoureux fi la neige refte deux
„jours fur la terre, & fi l'on voit pendant
„vingt-quatre heures quelques petits gla-
„çons prendre à une fontaine qui eft expofée
„au Nord."

L'obfervation de cet ingénieux Critique
peut être appliquée aux autres climats de
l'Europe.   Qui pourroit découvrir le doux
climat de la France dans la defcription que
Diodore de Sicile (a) fait des Gaules: „Com-
„me c'eft un climat feptentrional, on y eft
„incommodé du froid à un degré extrême.
„Dans les tems couverts, au lieu de pluie, il
„y tombe de grandes quantités de neige, &
„dans les tems clairs, il y gele fi exceffive-
„ment que les rivieres acquièrent des Ponts
„de leur propre fubftance, fur lefquels peu-
„vent paffer non-feulement les Voyageurs,
„mais de groffes Armées avec tout leur ba-

____

(a) Lib. 4.

„gage & les chariots chargés. Il y a plu-
„ſieurs rivieres dans les Gaules, le Rhône,
„le Rhin, &c. prèſque toutes ces rivieres ſont
„glacées, & il eſt ordinaire pour empêcher
„qu’on ne tombe en les paſſant, de couvrir
„la glace de paille dans les endroits que le
„chemin traverſe.”

Le Nord des Cévennes, dit Strabon (a) en parlant des Gaules, ne produit ni Figues, ni Olives, & les Vignes qui y ont été plantées ne portent point de grapes qui puiſſent mûrir.

Ovide ſoûtient poſitivement avec tout le ſérieux d’une affirmation en proſe, que de ſon tems le Pont Euxin geloit tous les Hyvers; & il cite pour garans de la vérité, de ce qu’il avance (b) les Gouverneurs Romains qu’il nomme. Cela n’arrive jamais à préſent dans la latitude de Tomy, où Ovide étoit relégué. Toutes les plaintes du même Poëte ſemblent annoncer une rigueur dans les ſaiſons qu’à peine éprouve-t-on à préſent à Pétersbourg & à Stockolm.

Tournefort, un Provençal qui a voyagé dans les mêmes Pays, remarque qu’il n’y a

(a) Lib. 4.
(b) Triſt. Lib. 3. Eleg. 9. De Ponto. Lib. 4. Eleg. 7. 9. & 10.

pas un plus beau climat dans le monde, & il assure qu'il ne pouvoit y avoir que la mélancolie d'Ovide, qui lui en fît concevoir des idées si tristes; mais les faits allégués par le Poëte sont trop circonstanciés pour admettre une pareille interprétation.

Polybe (*a*) dit que le climat en Arcadie étoit très-froid & l'air humide.

L'Italie, dit Varron (*b*), est le climat le plus tempéré de l'Europe. Les parties éloignées de la Mer (sans doute il veut parler des Gaules, de la Germanie & de la Pannonie) ont presque un Hyver perpétuel.

Suivant Strabon (*c*), les parties septentrionales d'Espagne sont assez peu habitées à cause du grand froid.

En accordant donc que cette remarque est juste, que le climat de l'Europe est devenu plus chaud qu'il ne l'étoit anciennement: comment en pouvons-nous rendre raison? Je pense que le meilleur moyen, est de supposer que la terre est à présent beaucoup mieux cultivée, qu'on a éclairci les bois qui anciennement jettoient une ombre sur la terre, & qui empêchoient les rayons du Soleil

---

(*a*) *Lib. 4. Cap. 21.*
(*b*) *Lib. 1. Cap. 2.*
(*c*) *Lib. 3.*

de la pénètrer.　Nos climats feptentrionaux dans l'Amérique deviennent plus tempérés à proportion qu'on y détruit plus de forêts †; mais en général, chacun peut remarquer que le froid fe fait toûjours fentir beaucoup moins rigoureufement & dans le Nord & dans le Sud de l'Amérique, que dans les endroits fous la même Latitude en Europe.

Sazerna cité par Columelle ††, affure que la difpofition des Cieux avoit été altérée avant fon tems, & que l'air étoit devenu beaucoup plus doux & plus chaud.　Comme il paroît, dit-il, par plufieurs endroits, qui à préfent abondent en Vignobles & en plantations d'Oliviers, qui anciennement à caufe de la rigueur du climat, ne pouvoient comporter aucune de ces productions.　Un pareil changement, s'il eft réel, eft un figne évident qu'avant le Siècle de Sazerna, ces Pays ont

---

† Les climats chauds du Midi deviennent auffi plus fains; & il eft à remarquer que dans les Hiftoires Efpagnoles de la premiere découverte & conquête de ces Pays, ils paroiffent avoir été très-fains, étant alors bien peuplés & bien cultivés.　Il n'y eft point parlé de maladie ou de diminution des petites Armées de Cortès ou de Pizzarro.

†† *Lib. 1. Cap. 1.*

été

été mieux cultivés & plus peuplés (*a*): si ce changement a continué jusqu'aux tems présens, c'est une preuve que ces avantages ont toûjours été en augmentant dans cette partie du Monde.

Il nous reste à jetter les yeux sur tous les Pays qui ont été la scène de l'Histoire Ancienne & Moderne ; comparons leur situation passée & présente. Nous ne trouverons peut-être pas lieu à ces plaintes générales du vuide présent & de la désolation du Monde. Maillet à qui nous devons la meilleure rélation que nous ayons de l'Egypte, nous la représente comme extrêmement peuplée, quoiqu'il pense que le nombre de ses Habitans soit diminué. J'avouerai que la Syrie, l'Asie Mineure, & la Côte de Barbarie, sont très-désertes en comparaison de leur ancienne condition. La dépopulation de la Grèce est aussi très-sensible ; mais il est permis de douter si le Pays que l'on appelle à présent Turquie en Europe, ne contient pas autant d'Habitans que du tems florissant de la Grèce.

Les Thraces paroissent avoir vécu comme les Tartares d'à présent, de pâturage & de

***

(*a*) Il paroît avoir vécu du tems de Scipion l'Africain le Jeune.

pillage *. Les Gètes étoient encore moins civilisés **. Les Illyriens ne l'étoient pas davantage †. Ces Peuples occupoient les neufs dixièmes de ce Pays ; & quoique la Police & le Gouvernement des Turcs ne soient pas fort favorables à l'industrie & à la propagation ; cependant ils entretiennent du moins la paix & l'ordre parmi les Habitans, & sont préférables à cette condition barbare & incertaine dans laquelle les Anciens vivoient.

La Pologne & la Moscovie en Europe ne sont pas très-peuplées, mais le sont sûrement beaucoup plus que la Scythie & l'ancienne Sarmatie, où l'on n'avoit jamais entendu parler d'Agriculture, & où le pâturage étoit le seul Art qui fît subsister les Peuples. La même observation peut s'étendre au Danemark & à la Suède. Personne ne doit regarder comme une forte objection contre cette opinion, ces Essais immenses de Peuple qui anciennement sortirent du Nord & couvrirent toute l'Europe. Lorsque le Corps entier, ou même la moitié d'une Nation quitte son Pays, il est aisé d'imaginer quelle

---

* Xénophon, *Lib.* 7. Polybe, *Liv. 4. Cap. 45.*
** *Ovid. passim, &c.* Strabon, *Lib.* 7.
† Polybe, *Lib. 2. Cap. 12.*

prodigieuſe multitude d'hommes doivent marcher enſemble, avec quel courage & quelle fureur ils doivent attaquer, & combien la terreur qu'ils inſpirent aux Nations qu'ils envahiſſent augmentera dans des imaginations effrayées, & la valeur & le nombre de ces uſurpateurs. L'Ecoſſe n'eſt ni étendue ni peuplée; mais ſi la moitié de ſes Habitans avoient à chercher une nouvelle habitation, ils formeroient une Colonie auſſi nombreuſe que les Teutons & les Cimbres, & ils ébranleroient toute l'Europe, en ſuppoſant qu'elle ne fût pas dans un meilleur état de défenſe qu'anciennement. L'Allemagne a ſûrement à préſent vingt fois plus d'Habitans que dans les tems anciens, où ils ne cultivoient pas la terre, & où chaque Tribu s'eſtimoit à proportion de l'étendue de la déſolation qu'elle répandoit autour d'elle, comme nous l'apprenons de Céſar *, de Tacite ** & de Strabon †. Ce qui prouve que la diviſion en petites Républiques ne rendra pas ſeule une Nation peuplée, à moins qu'il n'y régne en même tems un eſprit de paix, d'ordre & d'induſtrie.

---

* *De Bello Gallico, Lib. 6.*
** *De Moribus Germ.*
† *Lib. 7.*

L'état barbare de l'Angleterre dans les anciens tems eſt aſſez connu, & il eſt aiſé de conjecturer combien peu il y avoit d'Habitans, ſoit par leur barbarie, ſoit par une circonſtance dont Hérodien fait mention, c'eſt que toute l'Angleterre étoit marécageuſe, même du tems de Sévere, & après que les Romains y avoient été entièrement établis pendant plus d'un Siècle.

On ne doit pas imaginer que les Gaulois fuſſent anciennement beaucoup plus avancés dans les Arts de la vie que leurs voiſins du Nord, puiſqu'ils voyageoient dans cette Isle pour s'inſtruire dans les myſteres de la Religion & dans la Philoſophie des Druides (*a*). Je ne puis donc penſer que les Gaules fuſſent à beaucoup près auſſi peuplées que la France l'eſt à préſent.

Il eſt vrai que ſi nous en croyons & ſi nous en joignons enſemble le témoignage d'Appien & celui de Diodore de Sicile, il faudroit admettre un Peuple incroyable dans les Gaules. Le premier Hiſtorien (*b*) dit qu'il y avoit quatre cens Nations dans ce Pays.

(*a*) Céſar, *de Bello Gallico, Lib. 6.* Strabon, *Lib. 7.* dit que les Gaulois n'étoient pas beaucoup plus avancés dans les Arts que les Germains.

(*b*) Celt. Part. 1.

Le second affure que la plus grande des Nations Gauloifes étoit de deux cens mille, outre les femmes & les enfans, & la moindre de cinquante mille. En calculant donc & prenant un milieu, il faudroit admettre près de deux cens millions d'hommes dans un Pays que nous trouvons peuplé à préfent, quoique felon la fuppofition commune, il n'y en ait guère plus de vingt (*a*). L'extravagance de pareils calculs leur fait perdre toute autorité. Il eft bon de remarquer ici que l'égalité de biens à laquelle on peut attribuer cette fupériorité en nombre d'Habitans que l'on donne à la terre du tems des Anciens, n'étoit point connue dans les Gaules (*b*). Ajoûtons auffi que leurs guerres inteftines avant la conquête de Céfar, etoient perpétuelles (*c*). Strabon (*d*) obferve que quoique toute la Gaule fût cultivée, elle ne l'étoit pourtant pas avec une forte d'induftrie & de foin ; le génie des Habitans les portant moins aux Arts qu'aux Armes, jufqu'à ce que Efclava-

---

(*a*) L'ancienne Gaule n'étoit pas plus étenduc que la France moderne.

(*b*) Céfar, *de Bello Gallico, Lib. 6.*

(*c*) *Id. ibid.*

(*d*) *Lib. 4.*

ge où les Romains les réduisirent, produisît la paix parmi eux.

Céfar (*a*) entre dans un détail très-particulier des grandes forces qui furent levées dans le *Belgium*, pour s'oppoſer à ſes Conquêtes, & les fait monter à deux cens huit mille hommes, qui ne faiſoient pourtant pas la totalité de ceux qui dans ce Pays étoient en état de porter les Armes : car le même Hiſtorien nous dit que ceux qu'il appelle *Bellovaci*, auroient pú armer cent mille hommes, quoiqu'ils ne ſe fuſſent engagés que pour ſoixante. Ainſi en prenant le tout dans la même proportion de dix à ſix, le nombre des hommes en état de combattre dans tous les Etats du *Belgium*, étoient au-deſſus d'un demi million, & tous les Habitans deux millions. Et le *Belgium* étant à peu près la quatrième partie des Gaules, ce Pays devoit contenir huit millions, ce qui n'excéde pas la troiſième partie de ſes Habitans d'aujourd'hui **.

* *De Bello Gallico*, *Lib. 2.*

** Il paroît par les Commentaires de Céfar, que les Gaulois n'avoient point d'Eſclaves domeſtiques : le gros du Peuple, à la vérité, étoit en quelque ſorte Eſclave de la Nobleſſe, comme le Peuple de Pologne l'eſt aujourd'hui. Un Noble

Le Pays des anciens Helvétiens étoient de deux cens quarante milles en longueur, & de cent quatre-vingt en largeur, fuivant Céfar *; cependant il ne contenoit que trois cens foixante mille Habitans. Le Canton de Berne feul en a autant à préfent.

Après ce calcul d'Appien & de Diodore de Sicile, je ne fais fi j'oferai dire que les Hollandois Modernes font beaucoup plus nombreux que les anciens Bataves.

L'Efpagne eft déchue de ce qu'elle étoit il y a trois Siècles; mais fi nous remontons à deux mille ans, & fi nous confiderons l'état

---

Gaulois avoit quelquefois dix mille Cliens, ou Dépendans de cette efpèce, & nous ne pouvons pas douter que les Armées ne fuffent compofées du Peuple, auffi-bien que de la Nobleffe. Une Armée de cent mille Nobles d'un petit Etat, eft quelque chofe d'incroyable. Les Soldats, parmi les Helvétiens, étoient la quatrième partie des Habitans, une preuve claire que tous les mâles d'âge à fervir portoient les armes. Voyez Céfar, *de Bello Gallico, Lib. 1.*

J'ajoûterai à cette Réflexion que dans les Commentaires de Céfar, on peut compter davantage fur les nombres, que dans aucun autre ancien Auteur, à caufe de la Traduction Grècque que nous avons encore, & qui fert à juftifier l'original.

* *De Bello Gallico, Lib. 1.*

incertain & turbulent de ſes Habitans, en
ſuivant les probabilités, nous ne pouvons
nous empêcher de penſer qu'elle eſt à préſent beaucoup plus peuplée. Pluſieurs
Eſpagnols ſe tuoient eux-mêmes lorſque les
Romains * leur ôtoient leurs Armes. Il
paroît par Plutarque ** que le vol & le pillage paſſoient pour honorables parmi les
Eſpagnols. Hirtius † donne la même idée
de ce Pays du tems de Céſar; il dit que chaque homme pour ſa ſûreté étoit obligé de
vivre dans des Châteaux ou dans des Villes
murées. Ces déſordres ne ceſſerent qu'après
leur entiere conquête ſous Auguſte ††. Le
Récit que Strabon (a) & Juſtin (b) font de
l'Eſpagne, répond exactement à ceux que je
viens de rapporter. De combien donc l'idée
que nous avons de la maniere dont l'Antiquité étoit peuplée, doit elle diminuer, quand
nous trouvons que Cicéron comparant l'Italie, l'Afrique, la Gaule, la Grèce & l'Eſpagne,
parle du grand nombre d'Habitans de ce der-

---

* *Titi-Livii, Lib. 34. Cap. 17.*
** *In vitâ Marii.*
† *De Bello Hiſp.*
†† *Vell. Patercul. Lib. 2. Sect. 90.*
(a) *Lib. 3.*
(b) *Lib. 44.*

nier Pays, comme d'une circonstance particuliere qui le rendoit formidable (*a*)?

Il est cependant probable que l'Italie a
déchu; mais combien de grandes Villes ne
contient-elle pas encore, Venise, Gènes, Pa-
vie, Turin, Milan, Naples, Florence, Li-
vourne, qui ne subsistoient pas dans les tems
anciens, ou qui étoient alors très-peu considérables. Si nous réfléchissons à ceci, nous
ne porterons pas, sur la matiere en question,
les choses aux extrèmes, où l'on a coûtume
de les porter.

Lorsque les Auteurs Romains se plaignent
que l'Italie, qui anciennement fournissoit du
blé aux autres Pays, est devenue dépendante
de toutes les Provinces pour son pain journa-
lier, ils n'attribuent jamais ce changement
à l'augmentation de ses Habitans, mais à la

____

(*a*) *Nec numero Hispanos, nec robore Gallos, nec
calliditate Pœnos, nec artibus Græcos, nec denique
hoc ipso hujus Gentis, ac terræ Domestico nativoque
sensu, Italos ipsos ac Latinos . . . . . . superavi-
mus. De Harusp. Resp. Cap. 9.* Les désordres de
l'Espagne paroissent avoir passé en Proverbes. *Nec
impacatos a tergo horrebis Iberos. Virg. Georg. Lib. 3.*
Les Iberes, par une figure poëtique sont pris ici
simplement pour des Voleurs en général.

L v

négligence de l'Agriculture (*a*), ce qui étoit l'effet naturel de cette pernicieufe pratique, de tirer le blé d'ailleurs pour le diftribuer *gratis* parmi les Citoyens Romains, & qui fera toûjours un très-mauvais moyen de multiplier les Habitans de quelque Pays que ce foit (*b*).   Ces préfens dont Martial & & Juvenal parlent tant, & que faifoient régulierement les grands Seigneurs à leurs Cliens, doivent avoir eû le même effet pour produire la pareffe, la débauche & une diminution continuelle parmi le Peuple.

Si j'avois à affigner une époque où j'imagine que cette partie du monde dût probablement contenir plus d'Habitans qu'à préfent, je choifirois le Siècle de Trajan & des Antoniens.   La grande étendue de l'Empire Romain étant alors civilifée & cultivée, &

(*a*) *Varro, de Re Ruftica, Lib. 2. Præf. Columella, Præf. Sueton. Auguft. Cap. 42.*

(*b*) Quand on admettroit l'Obfervation de M. l'Abbé DU BOS, qu'il fait aujourd'hui plus chaud en Italie, que dans les anciens tems, il ne s'enfuit pas de-là néceffairement qu'elle foit plus peuplée ou mieux cultivée.   Si les autres Pays de l'Europe étoient alors plus fauvages & plus couverts de bois, les vents froids qui en venoient pouvoient affecter le climat d'Italie.

une profonde paix regnant & au dedans & au dehors parmi des Peuples qui vivoient sous un même Gouvernement & une même Police (*a*). Mais on nous dit que tous les Gou-

---

(*a*) Les Habitans de Marseille ne perdirent leur grande supériorité sur les Gaulois, dans le Commerce & dans les Arts méchaniques, que lorsque les Romains qui les avoient conquis eurent détourné ceux-ci des armes, pour les appliquer à l'Agriculture & à la vie Civile. Voyez Strabon, *Liv. 4.* Cet Auteur en plusieurs endroits répete l'Observation touchant les avantages résultans des Arts & de la politesse que l'on devoit aux Romains, & il vivoit dans le tems où ce changement étoit encore nouveau & devoit être plus sensible. Pline aussi en parle en cette sorte: *Quis enim non, communicato orbe terrarum, Majestate Romani Imperii, profecisse vitam putet, commercio rerum ac Societate festæ pacis, omniaque etiam quæ occulta anteà fuerant, in promiscuo usu facta,* Lib. 14. Proem. *Numine Deûm electa* (parlant de l'Italie) *quæ cælum ipsum clarius faceret, sparsa congregaret Imperia, ritusque molliret, & tot populorum discordes ferasque linguas sermonis commercio contraheret ad colloquia, & humanitatem homini daret; breviterque una cunctarum gentium in toto orbe patria fieret,* Lib. 2. Cap. 5. Il n'y a rien de plus fort à ce sujet que le passage suivant de Tertullien, qui vivoit du tems de Sévere. *Certè quidem ipse orbis in promptu est, cultior de die & instructior pristino.*

vernemens étendus, fpécialement ceux des

Omnia jam pervia, omnia nota, omnia negotiofa.
Solitudines famofas retro fundi amœniffimi oblitera-
verunt filvas, arva domuerunt, feras pecora fugave-
runt, arenæ feruntur, faxa panguntur, paludes eli-
quantur, tantæ urbes, quantæ non cafæ quondam.
Jam nec Infulæ horrent, nec fcopuli terrent; ubique
domus, ubique populus, ubique Refpublica, ubique
vita. Summum teftimonium frequentiæ humanæ, one-
rofi fumus mundo, vix nobis elementa fufficiunt; &
neceffitates arctiores, & querelæ apud omnes, dum
jam nos natura non fuftinet. De Anima, Cap. 30.
L'air de Rhétorique & de déclamation qui paroît
dans ce paffage, diminue quelque chofe de fon autorité, mais ne la détruit pas entièrement. Un
homme d'une imagination vive, tel que Tertullien, augmente toute chofe également, & c'eft pour
cette raifon que fes jugemens comparatifs, font
ceux fur lefquels on peut le plus compter. On
peut appliquer la même remarque au paffage fuivant du Sophifte Ariftidès qui vivoit du tems d'A-
drien: „Le Monde entier, dit-il, s'adreffant lui-
„même aux Romains, paroît célébrer une Fête, &
„les hommes laiffant les épées qu'ils portoient an-
„ciennement, s'addonnent à préfent à la joye &
„aux plaifirs. Les Villes oubliant leur anciennes
„querelles, n'ont plus que cette feule émulation,
„c'eft à qui d'entre elles s'embellira le plus par
„tous les ornemens que l'on peut tirer des Arts.
„On voit s'élever par-tout des Théatres, des Am-
„phithéatres, des Portiques, des Aquéducs, des

Monarchies abſolues ſont contraires à la pro-

„Temples, des Ecoles, des Académies, & l'on
„peut aſſûrer avec vérité, que votre heureux Em-
„pire a relevé le Monde qui étoit entièrement tom-
„bé. Ce ne ſont pas les Villes ſeules qui ont reçu
„une augmentation d'ornement & de beauté, tou-
„te la Terre, comme un jardin, eſt cultivée & or-
„née, tellement que les hommes qui ſont placés
„hors des limites de votre Empire (& qui ſont en
„petit nombre) paroiſſent mériter notre pitié &
„notre compaſſion."

Il eſt remarquable que quoique Diodore de Sicile ne faſſe monter tous les Habitans de l'Egypte,
lors de la conquête des Romains, qu'à trois millions ſeulement; cependant Joſeph *(de Bello Ju-*
daïc. Lib. 2. Cap. 16. dit que ſous le Regne de Néron, il y avoit ſept millions & demi d'Habitans,
ſans y comprendre ceux d'Aléxandrie, & il dit ex-
preſſément qu'il a extrait ſes calculs des Regiſtres
des Officiers Romains qui levoient la Capitation.
Strabon *(Lib. 17.)* éleve la ſupériorité de la Police
des Romains, à l'égard du Gouvernement des Finances de l'Egypte, au-deſſus de celle de ſes anciens Monarques, & en effet aucune partie d'ad-
miniſtration n'eſt plus eſſentielle au bonheur des
Peuples. Cependant dans Athénée, qui a fleuri
ſous le Regne des Antonins, nous liſons *(Lib. 1.*
Cap. 25.) que la Ville de Maréja, près d'Aléxandrie, qui étoit anciennement une très-grande Cité
n'étoit plus qu'un Village: ceci, à proprement
parler, n'eſt pourtant pas une contradiction. Sui-

pagation de l'espèce humaine, & contiennent un vice secret ou poison qui détruit l'effet de toutes ces belles apparences *. Pour confirmer ceci, on cite un passage de Plutarque † assez singulier, & que nous allons examiner ici.

L'Auteur tâchant de rendre compte du silence de plusieurs des Oracles, dit qu'on peut l'attribuer à la désolation présente du Monde, qui est le fruit des guerres & des factions d'autrefois; il ajoûte que la Grèce a encore plus souffert que les autres Pays de cette calamité commune; tellement qu'alors à peine pouvoit-elle fournir trois mille guerriers, que la seule Ville de Mégare auroit mis sur pié dans le tems de la guerre des Médes. Ainsi les Dieux qui affectionnent les Ouvra-

---

das *(August.)* dit que l'Empereur Auguste ayant fait faire le dénombrement de tout l'Empire Romain, a trouvé qu'il ne contenoit que 4101017 hommes (ἄνδρες). Il y a sûrement quelque grande erreur ou dans l'Auteur, ou dans le Copiste: mais cette autorité, quelque foible qu'elle soit, peut suffire pour balancer les calculs exagérés d'Hérodote & de Diodore de Sicile à l'égard des tems les plus anciens.

* L'Esprit des Loix, *Liv.* 23. *Chap.* 19.

† *De Orat. defectu.*

ges de dignité & d'importance, ont suppri-
mé plusieurs de leurs Oracles, & ne daignent
pas employer tant d'interpretes de leurs vo-
lontés pour un Peuple devenu si peu confidérable.

Je dois avouer que ce passage a tant de difficultés que je ne fais qu'en faire. Vous
voyez que Plutarque attribue la décadence
du Genre humain, non à la domination
étendue des Romains, mais aux guerres
& aux factions anciennes de plusieurs Nations, qui avoient toutes été terminées
par les armes des Romains. Le raisonnement de Plutarque est donc directement contraire aux conséquences qui se tirent du fait
qu'il avance.

Polybe suppose que la Grèce devint plus
heureuse & plus florissante après s'être sou-
mise au joug des Romains (*a*); & quoique

(*a*) *Lib. 2. Chap. 62.* On pourroit peut-être imaginer que Polybe, étant dépendant de Rome, a pû
exalter le Gouvernement Romain. Mais, premièrement, quoiqu'il laisse quelquefois appercevoir
sa prudence, on ne découvre chez lui aucun symp-
tôme de flatterie. Secondement, cette opinion
n'est ici qu'un simple trait qui lui échappe en passant, tandis qu'il traite une autre matiere, & l'on
convient que si la sincérité d'un Auteur est suspecte,

cet Hiſtoirien ait écrit avant que ces Conquérans aient dégénéré, au point de devenir les Deſtructeurs du Genre humain dont ils avoient été les Protecteurs; cependant comme nous apprenons par Tacite, que la ſévérité des Empereurs corrigea dans la ſuite la licence des Gouverneurs, nous n'avons pas lieu de croire cette Monarchie ſi étendue auſſi deſtructive qu'on a coûtume de nous la repréſenter.

Strabon nous apprend que les Romains par égard pour les Grecs avoient conſervé juſqu'à ſon tems la plûpart des privilèges & des libertés de cette célebre Nation. Néron enſuite les augmenta encore plutôt que de les diminuer *. Comment donc pouvons-nous imaginer que le joug des Romains fut ſi fatiguant pour cette partie du monde? L'oppreſſion des Proconſuls étoit arrêtée, & les Magiſtratures de la Grèce étant toutes données dans les différentes Villes par les ſuffrages libres du Peuple, les Compétiteurs ne ſe trouvoient pas dans la néceſſité de les ſolliciter à la Cour des Empereurs. Si beau-

ces propoſitions obliques découvrent mieux ſes véritables ſentimens, que ſes aſſertions plus formelles & plus directes.

* *Plutarch. de his qui ſero à numine puniuntur.*

coup d'entre eux alloient chercher fortune à Rome & s'avançoient eux-mêmes par le savoir, l'éloquence & les Arts qui étoient particuliers à leur Pays, plusieurs aussi y retournoient avec les fortunes qu'ils avoient faites, & par-là enrichissoient les Républiques Grecques.

Mais Plutarque dit que la Dépopulation générale a été sentie plus fortement dans la Grèce que par-tout ailleurs. Comment concilier ce fait avec la supériorité qu'elle avoit par ses privilèges & ses avantages?

D'ailleurs, ce passage en prouvant trop réellement, ne prouve rien. *Seulement trois mille hommes en état de porter les Armes dans toute la Grèce!* Quel moyen d'admettre une si étrange proposition! Spécialement si nous considérons le grand nombre de Villes Grecques dont les noms se trouvent encore dans l'Histoire, & dont des Ecrivains qui ont vécu long-tems après le Siècle de Plutarque font mention? Il y a sûrement dix fois plus de Peuple à présent, quoiqu'il y reste à peine une Ville, dans tout ce qui composoit l'ancienne Grèce. Ce Pays est encore passablement cultivé, & fournit un supplément sûr de blé dans le cas de quelque disette en Espagne, en Italie ou dans le Midi de France.

Il faut remarquer que l'ancienne frugalité des Grecs, & leur égalité de biens subsistoient encore au Siècle de Plutarque, comme il paroît par Lucien (*a*); & il n'y a pas lieu d'imaginer que ce Pays fût possédé par quelques Maîtres & un grand nombre d'Esclaves.

Il est probable, à la vérité, que la discipline militaire étant entierement inutile, fut extrêmement négligée dans la Grèce après l'établissement de l'Empire Romain; dans le cas où ces Républiques autrefois si guerrieres & si ambitieuses, auroient entretenu chacune une Garde de Ville pour prévenir les désordres de la populace, c'est tout ce dont elles avoient besoin: c'est peut-être cette sorte de Soldats qui dans toute la Grèce ne montoit pas à trois mille hommes. J'avoue que si c'est là ce que Plutarque a eu en vûe, on peut lui reprocher ici un Paralogisme grossier, c'est d'assigner des causes qui ne sont en aucune maniere proportionnées aux effets. Mais est-ce un si grand prodige qu'un Auteur tombe dans une erreur de cette espèce *?

(*a*) *De mercede conductis.*

* Il faut avouer que le Discours de Plutarque, sur le silence des Oracles, est en général d'une tour-

Cependant quelque autorité que ce passa-

nure si étrange, & ressemble si peu à ses autres
productions, qu'on ne sait quel jugement on en
doit porter.   Il est écrit en forme de Dialogue,
espèce de composition que Plutarque affecte assez
peu. Les Personnages qu'il introduit avancent des
opinions étranges, absurdes & contradictoires, qui
ressemblent plus aux systèmes visionnaires de Platon, qu'au bon sens de Plutarque.   Il regne aussi
dans le tout un air de superstition & de crédulité,
qui ne tient en rien de l'esprit que l'on trouve dans
les autres Ouvrages philosophiques de cet Auteur.
Car il est à remarquer que quoique Plutarque soit
un Historien aussi superstitieux qu'Hérodote &
que Tite-Live, cependant il y a à peine dans toute
l'Antiquité un Philosophe moins superstitieux, si
on en excepte Cicéron & Lucien.   Je dois donc
avouer qu'un passage de Plutarque, extrait de ce
Discours, a beaucoup moins d'autorité pour moi,
que s'il étoit tiré de ses autres Ouvrages.

Il n'y a qu'un autre Discours de Plutarque, qui
puisse être sujet aux mêmes objections, à savoir,
le Discours touchant ceux dont la punition est dif-
férée par les Dieux.   Il est aussi écrit en forme de
Dialogue, & est rempli de superstitions & de vi-
sions étranges.   Il paroît que l'Auteur en le com-
posant, a voulu en quelque sorte se faire le rival
de Platon, particulierement dans son dernier Livre
de la République.

Je ne puis m'empêcher d'observer ici que M.

ge puiſſe conſerver, nous tâcherons de la
contrebalancer par un paſſage auſſi remarquable de Diodore de Sicile, où l'Hiſtorien après avoir dit que l'Armée de Ninus
étoit d'un million ſept cens mille hommes
d'Infanterie, & de deux cens mille de Cavalerie, tâche de prouver que ce fait eſt
croyable par quelques faits poſtérieurs, &
ajoûte que nous ne devons pas juger de la
quantité d'hommes, qui couvroient anciennement la terre par le vuide préſent, & la
Dépopulation qui eſt répandue ſur toute
la ſurface de cette Terre (*a*). Ainſi un
Auteur qui vivoit dans le ſiècle même de
l'Antiquité (*b*), où l'on prétend que la

De Fontenelle, un Ecrivain remarquable
pour ſa candeur, paroît s'être un peu écarté de
ſon caractère ordinaire, lorſqu'il tâche de jetter
du ridicule ſur Plutarque, au ſujet des paſſages
que l'on trouve dans ce Dialogue ſur les Oracles.
On ne doit pas attribuer à Plutarque les abſurdités
qu'il met ici dans la bouche des différens Perſon-
nages, attendu que l'un réfute l'autre, & qu'en
général il paroît vouloir rendre ridicules ces opinions mêmes, que M. De Fontenelle le
trouve ridicule de ſoûtenir.

(*a*) *Lib.* 2.
(*b*) Il étoit Contemporain de Céſar & d'Auguſte.

terre étoit le plus peuplée, se plaint de la désolation qui prévaloit alors, donne la préférence aux premiers tems, & a recours à d'anciennes Fables pour établir son opinion. L'envie de blâmer le présent & d'admirer le passé est fortement enraciné dans l'esprit des hommes ; elle influe sur ceux même qui ont le plus de savoir & le meilleur jugement.

DISCOURS XI.

De la Succeſſion Proteſtante.

Je ſuppoſe qu'un Membre du Parlement, ſous le Regne du Roi Guillaume I. ou de la Reine Anne, lorſque l'établiſſement de la Succeſſion Proteſtante étoit encore incertain, eût à délibérer ſur le parti qu'il devroit prendre dans cette importante queſtion, & voulût peſer avec impartialité les avantages & les déſavantages de chaque côté. Je crois qu'il ne manqueroit pas de faire les Réflexions ſuivantes.

Il appercevroit aiſément les grands avantages qui réſulteroient de la Reſtauration de la famille des Stuarts, par laquelle on conſerveroit la Succeſſion claire & ſans diſpute de la part d'un Prétendant, armé d'un titre auſſi ſpécieux que celui du Sang, qui avec la multitude eſt toûjours le droit le plus fort & le plus aiſé à comprendre. Il eſt inutile de dire, comme pluſieurs ont fait, que la queſtion à l'égard des *Gouverneurs*, indépendans du *Gouvernement*, eſt frivole, & ne mérite pas qu'on diſpute, & bien moins encore

qu'on prenne les Armes à ce fujet. La gé-
néralité des hommes n'adoptera jamais ces
fentimens, & il eft, je crois, beaucoup plus
heureux pour la Société qu'ils ne foient pas
admis, & que les hommes confervent leurs
préjugés naturels. Comment un Gouvernement Monarchique (qui, bien que peut-
être il ne foit pas le meilleur *, eft pourtant
& a toûjours été le plus commun de tous)
pourroit-il être ftable fi les hommes n'avoient
pas cet extrême attachement pour le véritable heritier de leur famille Royale? Attachement tel que malgré la foibleffe de fon entendement, ou l'infirmité de fes années, ils

---

* Le même Auteur convient ailleurs que quoique dans ces derniers tems les différentes efpèces
de Gouvernement aient fait de grands progrès du
côté de la perfection, aucune cependant n'en a fait
dans fon genre d'auffi confidérables que le Gouvernement Monarchique. ,,On peut, dit-il, affûrer
,,à préfent des Monarchies civilifées, ce qui a été
,,dit anciennement à la louange des feules Républi-
,,ques: *Que ce font les Loix qui gouvernent, & non
,,les Hommes.* Elles fe trouvent fufceptibles d'Or-
,,dre, de Méthode & de Conftance à un dégré
,,étonnant. La Propriété des biens eft affûrée à
,,chacun; l'Induftrie eft encouragée; les Arts fleu-
,,riffent, & le Prince vit en fûreté parmi fes Su-
,,jets, comme un Pere au milieu de fes Enfans, &c.''

lui donnent une ſi grande préférence au deſſus des perſonnes les plus remarquables par
leurs talens, ou les plus célèbres par leurs
grandes actions. Sans cela tout homme qui
auroit du crédit ſur le Peuple ne feroit-il pas
valoir ſon droit à chaque vacance du Thrône, & même ſans attendre qu'il fût vacant,
& le Royaume ne deviendroit-il pas par-là le
théatre des guerres perpétuelles?

A cet égard, la condition de l'Empire Romain n'etoit pas ſûrement à envier non plus
que celle des Nations Orientales, qui ont
quelque reſpect pour le titre de leurs Souverains, mais qui les ſacrifient chaque jour au
caprice ou à l'humeur momentanée du Peuple ou des Soldats. C'eſt une ſageſſe folle
que celle que l'on employe ſi artiſtement à ra-
baiſſer les Princes, & à les mettre ſur le même niveau avec ce que le Genre humain a de
plus bas. Certainement un Anatomiſte ne
trouve pas davantage dans le plus grand Monarque que dans un Payſan ou dans un Ma-
nœuvre: un Philoſophe moral peut ſouvent
y trouver encore moins. Mais à quoi tendent toutes ces réflexions? Tous tant que
nous ſommes, nous conſervons toûjours ces
préjugés en faveur de la naiſſance & des familles, & ni dans nos occupations ſérieuſes,

ni dans nos amuſemens les moins réfléchis, nous ne pouvons entierement nous en déli-vrer. Une Tragédie * qui nous repréſen-

---

* M. Hume qui juge ſi ſainement des matie-res politiques, paroît n'avoir pas un goût moins ſûr dans les choſes de pur agrément: beaucoup d'Auteurs Anglois, qui s'en ſont uniquement oc-cupés, ne conviendroient pas de la ſageſſe de cet-te Réflexion. Rien n'eſt ſi commun ſur le Théa-tre de Londres, que d'y voir dans la Tragédie la Scene occupée par des hommes de la lie du Peuple, tels que les *Savetiers* & les *Foſſoyeurs* de Shakeſpea-re. Dans pluſieurs des Tragédies modernes qui ont le plus réuſſi, des Gentilshommes & de ſim-ples Bourgeois indifféremment en ſont les Héros. La *Belle-Pénitente*, *l'Innocent Adultere* & *Veniſe ſauvée*, dont nous avons des Traductions dans no-tre Langue, en ſont la preuve. Avec quel éton-nement le Public n'a-t-il pas vû notre Théatre en quelque ſorte dèshonoré par la Repréſentation de cette derniere Tragédie? Il eſt vrai qu'il l'avoit déja été par la Pièce de *Cartouche*, Ouvrage ſcan-daleux d'un Comédien peu difficile ſur les Mœurs. La Police n'auroit jamais dû laiſſer paroître ſur la Scene une pareille Pièce. Le Théatre eſt fait pour corriger les paſſions ou les ridicules: ce n'eſt que par les ſupplices que l'on peut punir les crimes des Voleurs. Il y a plus d'une Tragédie Angloiſe où ils jouent des rôles conſidérables. Dans le *Mar-chand de Londres*, dont nous avons auſſi la Tra-duction, le Héros eſt un Garçon Marchand, qui

teroit des aventures de Matelots, de Por-
teurs de chaife, ou même de fimples Gentilshommes, nous dégoûteroit tout d’abord ;
mais celui qui introduit des Rois & des Princes, acquiert à nos yeux un air d’importance
& de dignité.   Quand même un homme par
une fageffe fupérieure feroit capable de fe
mettre entierement au deffus de femblables
préjugés, la même fageffe l’y feroit bientôt
revenir de lui-même pour l’amour de la Socièté, dont il verroit que le bien eft lié inti-
mement à ces mêmes idées.   Bien loin de
chercher à détromper le Peuple à cet égard,
il fe plairoit à entretenir ces fentimens de ré-

---

vole celui chez qui il fait fon apprentiffage ; enfuite affaffine fon oncle, & qui pour ces crimes eft
pendu au cinquième Acte.   Ce qui étonne le plus
la raifon, & prouve davantage la force des préjugés, eft que quels que foient les défauts & les in-
décences du Théatre Anglois, il n’y en a point
que des Auteurs qui d’ailleurs ont de l’efprit, n’en-
treprennent de juftifier.

Je renvoye ceux qui feront curieux d’en avoir
des preuves à un petit Ouvrage intitulé en Anglois : *An Effay upon English Tragedy, with Re-
marks upon the Abbé* Le Blanc’s, *Obfervations
on the English Stage, By William Guthrie, Efq ;
London 1747.* & à la Réponfe que l’Auteur François y a faite dans la Préface de la nouvelle Edition
de fes Lettres.

vérence pour leur Prince, comme néceffaires pour conferver dans la Sociéte une jufte fubordination. Quoique fouvent les vies de vingt mille hommes foient facrifiés pour maintenir un Roi en poffeffion de fon Thrône, ou pour empêcher que le droit de fucceffion ne foit violé, cette perte ne lui caufe aucune indignation, fous prétexte que chaque Individu de ceux qui auront péri, étoit peut-être en lui-même auffi eftimable que le Prince qu'il fervoit. Il confidère les conféquences de violer le droit héréditaire des Rois, dont les funeftes effets peuvent fe faire fentir pendant plufieurs Siècles ; tandis que la perte de quelques milliers d'hommes *

---

* Cette Réflexion n'a pas befoin d'être appuyée par des faits ; l'Hiftoire de tous les Pays, celle d'Angleterre fur-tout, n'en fournit que trop d'exemples. M. Hume remarque ailleurs très-judicieufement, que lorfque les Hommes font animés par l'efprit de parti, ils font capables, fans éprouver ni honte, ni remords, de négliger tous les liens de l'honneur & toutes les Loix de la Morale pour fervir leur parti ; & que cependant lorfqu'un Parti eft formé fur un point de droit, il n'y a point d'occafion où les Hommes temoignent une plus grande obftination & un fentiment plus déterminé de juftice & d'équité.

Des Principes du Gouvernement. Effai V.

apporte fi peu de préjudice à un grand
Royaume, que quelques années après on
peut ne s'en pas appercevoir.

Les avantages de la Succeffion dans la
branche de la Maifon d'Hanovre, font d'une
nature oppofée; ils viennent de cette circonftance même que l'Acte qui a décidé en
faveur de cette Famille, viole le droit héréditaire, & place fur le Thrône un Prince à
qui la naiffance n'avoit pas donné un titre à
cette dignité.   Il eft évident à quiconque fait
attention à l'Hiftoire de cette Isle, que les
privilèges du Peuple pendant les deux derniers Siècles, ont toûjours été en augmentant par le partage des biens d'Eglife, par les
aliénations des terres des Barons, par le progrès du Commerce, & fur-tout par le bonheur de notre fituation, qui pendant long-
tems a fuffi à notre fûreté fans aucune armée
fur pié, fans aucun établiffement militaire.
Au contraire, la liberté publique dans préf-
que toutes les autres Nations de l'Europe a
toûjours été en déclinant pendant le même
tems : les Peuples étant rebutés des duretés
de l'ancienne Milice Gothique, & ayant mieux
aimé confier à leur Prince des Armées mer-
cénaires qu'il a aifément tournées contre eux-
mêmes.   Il n'eft donc pas extraordinaire que

quelques-uns de nos Souverains Anglois fe
foient trompés fur la nature de notre Conftitution, & le génie de notre Nation ; comme
ils s'autorifoient de tous les exemples favorables que leurs Ancêtres leur avoient laif-
fés, ils ne faifoient aucune attention à ceux
qui leur étoient contraires, & qui fuppo-
foient des bornes dans notre Gouvernement.
Ils étoient entretenus dans cette erreur par
l'exemple de tous les Princes voifins, qui
portant le même titre, & étant décorés des
mêmes marques d'autorité, les ont conduits
naturellement à prétendre la même puiffance & les mêmes prérogatives *. La flatte-

---

* Il paroît par les Difcours & par toute la fuite
des actions de Jacques I. & de fon Fils, qu'ils regardoient le Gouvernement Anglois, comme une
fimple Monarchie, & qu'ils n'ont jamais imaginé
qu'une partie confidérable de leurs Sujets en avoient
une idée toute contraire. C'eft ce qui fit qu'ils
déclarèrent leurs prétentions, fans avoir préparé
aucune force pour les foûtenir, & même fans les
déguifemens qu'employent toûjours ceux qui tâ-
chent d'innover quelque chofe dans un Gouvernement. Le Roi Jacques dit clairement à fon Parlement qui vouloit connoître des affaires de l'Etat :
Ne Sutor ultra crepidam. A Table & dans la converfation familiere, il avoit coûtume de faire connoître fes fentimens d'une maniere encore moins

rie des Courtisans les aveugla encore davan-

déguisée, s'il est possible, comme nous l'apprenons d'une Histoire écrite dans la Vie de M. WALLER, & que ce Poëte avoit habitude de répéter souvent. Lorsque M. WALLER étoit jeune il eut la curiosité d'aller à la Cour; il se tint dans le Cercle, & vit le Roi Jacques dîner. Parmi les Seigneurs qui étoient à sa Table, il y avoit deux Evêques. Le Roi ouvertement & à haute voix proposa cette question: *S'il ne pouvoit pas prendre l'argent de ses Sujets, quand il en avoit besoin, sans toute cette formalité du Parlement.* L'un des Evêques répondit à l'instant: *A Dieu ne plaise que vous ne le puissiez pas; car vous êtes le souffle de nos narines.* L'autre Evêque cherchoit à ne pas répondre, & dit: *Qu'il n'étoit pas assez instruit des matieres de la Compétence du Parlement.* Mais le Roi le pressant & ne voulant admettre aucune défaite, le Prélat répliqua assez plaisamment: *Je crois en effet que Votre Majesté peut prendre légitimement l'argent de mon Frere, car il l'offre.* Dans la Préface de l'Histoire du Monde de Sir WALTER RALEIGH, il y a ce passage remarquable: *Philippe II. à main armée & par la force entreprit de se rendre Maître des Pays-Bas, non-seulement comme un Maître absolu, tel que les Rois & Souverains d'Angleterre & de France; mais à la maniere du Turc, pour fouler aux pieds toutes leurs Loix naturelles & fondamentales, tous leurs privilèges & leurs anciens droits.* Spencer, en parlant de quelques concessions des Rois d'Angleterre à des Communautés Irlandoises,

tage, & par-deſſus tout, celle du Clergé, qui par pluſieurs paſſages de l'Ecriture auxquels ils donnoient un ſens forcé, avoient fabriqué un ſyſtème régulier, & avoué de tyrannie & de pouvoir deſpotique *. La ſeule métho-

---

dit: „Quoiqu'au tems de ces premieres conceſ-
„ſions elles fuſſent ſupportables, & peut-être rai-
„ſonnables, elles ſont à préſent devenues tout le
„contraire: mais elles ſeront bientôt annullées
„par la puiſſance ſupérieure des Prérogatives de
„Sa Majeſté, contre laquelle on ne peut pas s'au-
„toriſer de ſes propres conceſſions.''
L'Etat d'Irlande, pag. 1537. édition de 1726.

Ces idées étoient très-communes, quoiqu'elles ne fuſſent peut-être pas les notions univerſelles de ces tems-là. Ainſi les deux premiers Princes de la Maiſon de Stuart en étoient d'autant plus excuſables dans leur erreur, & Rapin, le plus judicieux des Hiſtoriens, paroît quelquefois les traiter avec trop de ſévérité à raiſon de ces opinions.

* Ce même Sir WALTER RALEIGH, dont il eſt parlé dans la Note précédente, & qui dans ſon *Hiſtoire du Monde*, reconnoît en termes ſi clairs le pouvoir abſolu des Rois d'Angleterre, donnoit du moins en même tems aux Princes les Conſeils les plus ſages, ſur l'uſage qu'ils en devoient faire ; il nous reſte de lui une Lettre qui ſuffiroit ſeule pour conſacrer ſa mémoire, & qui a également pour objet le bonheur des Peuples & la gloire des Souverains, elle eſt écrite au Fils de Jacques I. le Prince Hen-

de de détruire à la fois ces prétentions exor-

---

ri, qui, si l'on en croit sa réputation, est mort trop tôt pour les Anglois, & qu'ils ont pleuré comme les Romains pleurèrent Germanicus. Le Lecteur me saura peut-être gré de lui en donner la Traduction.

Sir *WALTER RALEIGH au Prince* HENRI.

„La Lettre suivante vous est adressée par un „Homme qui fait plus de cas de sa Liberté, & „d'une très-petite fortune dans le lieu de cette Isle „le plus écarté, sous la Constitution présente de „l'Etat, que de tous les honneurs & de toutes les „richesses dont on peut jouïr, sous quelque autre „Gouvernement que ce soit. Vous voyez, Mon-„SEIGNEUR, avec les nouvelles expressions, les „nouvelles Doctrines qui se répandent dans le „monde: on affecte d'appeller votre Royal Pere „le Vice-Gérent de Dieu, ce que des Hommes „pervers ont tourné au dèshonneur de Dieu, & „au dèsavantage de Sa Majesté, dont ils voudroient „altérer la bonté naturelle. Ils attachent la Vice-„Gérence à l'idée de Toute-puissance, & non à „celle de Bonté qui en Dieu n'est pas moins infinie. „La sagesse de Sa Majesté, nous devons l'espérer, „le garantira des pièges qui peuvent être couverts „sous de si grossieres adulations: mais votre jeu-„nesse & la soif de la louange que j'ai remarquée „en vous, peuvent vous égarer, & vous induire „à écouter ces lâches flatteurs qui corromproient

bitantes,

bitantes, étoit de se détacher de la véritable

„votre heureux naturel & vous porteroient à la
„tyrannie. O mon Prince, gardez-vous d'eux,
„& fermez l'oreille à leurs dangereuses imposu-
„res! Vous devez hériter d'un Thrône, d'où on
„ne peut vous imputer aucun mal, & d'où tout
„ le bien doit être fait par vous.   Votre Pere est le
„Vice-Gérent de Dieu: tandis qu'il est juste, il
„est le Vice-Gérent de Dieu. De la source du bien,
„un Homme peut-il dériver le droit de faire du
„mal? Non, mon Prince, c'est à des esprits mé-
„prisables & dépravés à se plaindre que leur auto-
„rité est bornée, parce qu'il ne leur est pas permis
„de faire des injustices.   Si ce manque de puissan-
„ce pour faire le mal est une incapacité dans un
„Prince, disons-le avec respect, c'est une impuis-
„sance qu'il partage avec la Divinité même."
„Permettez-moi de ne pas douter que tous les
„systèmes, qui ne tendent pas également au bon-
„heur mutuel du Prince & du Peuple, ne paroiſ-
„sent aussi absurdes à votre entendement que con-
„traires à votre heureux naturel. Combattez vous-
„même, ô généreux Prince, contre les Ennemis
„du Genre humain, pour la cause glorieuse de la
„Liberté. Prenez une ambition digne de vous,
„pour garantir des Créatures, vos semblables, d'un
„indigne Esclavage, d'une condition autant au-
„dessous de celle des Bêtes, qu'il est moins misé-
„rable d'agir sans raison, que d'agir contre la rai-
„son. Assûrez à vos futurs Sujets le droit divin
„d'être des Agens libres, & à votre Maison Roya-

ligne héréditaire, & de choifir un Prince qui
n'étant fimplement qu'une créature du Public, & recevant la Couronne à des condi-

---

„le le droit divin d'être leurs Bienfaiteurs. Croyez-
„moi, mon Prince, aucun autre droit ne peut ve-
„nir de Dieu. Aujourd'hui que Votre Alteffe
„étudie l'Art du Gouvernement, confidérez les
„Loix, comme votre objet principal dans cette
„Science. Lorfque vous ne voulez que la juftice,
„elles font pour vous le guide le plus fûr. Cette
„façon de penfer eft ce qui a fait donner à des
„Hommes les titres glorieux de Libérateurs & de
„Peres de leur Patrie. C'eft là ce qui leur attiroit
„les Bénédictions de tout un Peuple, & ce qui
„faifoit qu'ils ne pouvoient paroître fans qu'on
„applaudit à leur feule vûe, comme à un bienfait.
„Confidérez les avantages inexprimables que re-
„cueillera Votre Alteffe, quand le pouvoir de ren-
„dre les Hommes heureux, fera la mefure de fes
„actions. Quand ce fera là votre but, qu'aifément
„ce pouvoir s'étendra! Vos regards porteront par-
„tout la joye, & chaque mot de votre bouche pa-
„roîtra un bienfait. Quoi que de lâches Courti-
„fans fe plaifent à infinuer, vous avez perdu vos
„Sujets, quand vous avez perdu leur amour. Vous
„devez régner fur les efprits, non fur les corps
„des hommes. L'ame eft l'effence de l'homme,
„& vous ne fauriez avoir ce qui fait vraiment
„l'homme contre fon inclination. Choififfez donc
„d'être le Roi ou le Conquérant de votre Peuple;

tions expreſſes & avouées, trouvât ſon autorité établie ſur le même fonds que les privilèges du Peuple. En le choiſiſſant dans la ligne Royale, nous ôtons toute eſpérance à des Sujets ambitieux, qui en de pareilles conjonctures pourroient troubler le Gouvernement par leurs cabales & leurs prétentions. En rendant la Couronne héréditaire dans ſa famille, nous avons évité tous les inconvéniens des Monarchies électives. En excluant la ligne héritiere, nous avons aſſuré les reſtrictions que nous avons miſes à la Puiſſance Royale, & nous avons rendu notre Gouvernement conféquent & uniforme. Le Peuple chérit la Monarchie parce qu'elle le protège; le Monarque favoriſe la Liberté parce qu'il eſt créé par elle. Ainſi l'un & l'autre avantage ſont obtenus par le nouvel établiſ-

---

„ce qui eſt paſſif peut être ſoûmiſſion, mais ne „ſauroit être obéiſſance."

Je ſuis,

MONSEIGNEUR,

DE VOTRE ALTESSE,

Le très-fidele Serviteur,

WALTER RALEIGH.

A Londres ce 12. Août 1611.

fement, & auffi bien affurés qu'ils peuvent l'être par la prudence & la fageffe humaines.

Voilà les différens avantages qui réfultent de fixer la Succeffion dans la Maifon de Stuart ou dans celle d'Hanovre. Il y a auffi des défavantages de chaque côté, qu'un *Patriote* impartial doit pefer & examiner, pour fe former un jufte jugement fur le tout.

Les défavantages de la Succeffion Proteftante confiftent dans des Domaines étrangers qui font poffèdés par des Princes de la ligne d'Hanovre, & qui par une fuppofition affez naturelle, peuvent nous engager dans les intrigues & les guerres du Continent, & nous faire perdre en quelque degré l'ineftimable avantage que nous poffédons d'être environnés & gardés par la Mer à laquelle nous commandons. Les dèfavantages de rappeller la famille abdiquée confiftent principalement dans la Religion qu'elle profeffe, qui eft plus préjudiciable à la Socièté que celle qui eft établie parmi nous, & qui n'admet ni tolération, ni paix, ni fûreté pour aucune autre Religion.

Il me paroît que ces avantages & ces dèfavantages font avoués des deux côtés, du moins par quiconque eft capable de raifonnement. Aucun fujet, quelque loyal qu'il

ſoit ne peut nier que le titre diſputé & les domaines étrangers dans la préſente famille
Royale n'entraînent de grands inconvéniens.
Et il n'y a aucun Partiſan de la Maiſon de
Stuart qui ne convienne que la prétention
d'un droit héréditaire & inviolable, & la Religion Catholique ne ſoient auſſi des déſavantages dans cette famille. Il n'appartient donc
qu'à un Philoſophe, qui n'eſt d'aucun Parti
de mettre toutes ces circonſtances dans la
balance, & d'aſſigner à chacune ſon propre
poids & ſon influence.   Un tel homme re-
connoîtra d'abord aiſément que toutes les
queſtions politiques ſont infiniment compli-
quées, & que dans quelque délibération que
ce ſoit, il ſe trouve à peine un choix qui ſoit
ou totalement bon, ou totalement mauvais.
Chaque meſure entraîne des conſéquences
mêlées & variées qui peuvent être prévues,
& pluſieurs autres qui ne l'ont point été, en
réſultent toûjours réellement.   Ainſi les ſeules diſpoſitions qu'il apporte à l'examen d'u-
ne pareille queſtion, ſont le doute & la réſer-
ve; & tout ce qu'il ſe permet de plus paſſion-
né, c'eſt de rire & de ſe moquer de la multitude ignorante, qui eſt toûjours bruyante &
déciſive, même dans les queſtions les plus
délicates, dont pourtant ceux qui la compo-

sent sont incapables de juger faute de modération , peut-être encore plus que d'entendement.

Mais pour dire quelque chose de plus po-
sitif sur ce Chapitre, je me flatte dans les réflexions suivantes de faire voir si non l'entendement, du moins la modération d'un Philosophe.

Si nous ne devions juger que par les apparences & par l'expérience passée, nous se-
rions forcés d'avouer que les avantages d'un
titre Parlementaire dans la Maison d'Hanovre,
sont beaucoup plus grands que ceux d'un titre Héréditaire, qui n'est pas contesté dans
la Maison de Stuart, & que nos Peres ont
agi sagement en préférant le premier au dernier. Tant que la Maison de Stuart a regné
en Angleterre, c'est-à-dire, avec quelques in-
terruptions pendant plus de quatre-vingts
ans, le Gouvernement a toûjours été dans
une fièvre continuelle par les contentions entre les privilèges du Peuple & les prérogatives de la Couronne. Lorsque l'on a mis bas
les Armes, le bruit des disputes a continué,
& lorsque l'on a gardé le silence, la jalousie
a toûjours rongé les cœurs, & a jetté la Nation dans une fermentation & dans un dèsordre surnaturels. D'un autre côté, tandis

que nous étions aussi occupés de nos querelles domestiques, une Puissance étrangere, dangereuse, si non fatale pour la Liberté publique, s'est élevée sans aucune opposition de notre part, & même quelquefois par notre assistance.

Mais depuis ces derniers soixante ans qu'un établissement *Parlementaire* a lieu, quelques factions qui aient prévalu parmi le Peuple, ou dans nos Assemblées publiques, toute la force de la Constitution a toûjours été d'un seul côté, & il y a eû une harmonie non interrompue entre nos Princes & nos Parlemens. La Liberté publique, la paix intérieure, & l'ordre ont fleuri presque sans interruption. Les Arts, les Sciences & la Philosophie, ont été cultivées. Il n'y a pas jusqu'aux différens Partis de Religion qui n'aient été forcés de laisser à part leur haine mutuelle. La gloire de la Nation s'est répandue par toute l'Europe. Nous sommes devenus le Boulevard contre l'oppression, & la Nation Angloise est aujourd'hui la grande Antagoniste de cette Puissance qui menace de conquérir & de rendre Esclaves toutes les autres. Aucune Nation ne peut se vanter d'avoir joué pendant si long-tems un role aussi glorieux, & dans toute l'Histoire, il n'y a pas d'autre exemple que tant de millions d'hommes pendant un pareil espace de tems aient concouru d'un commun accord au même but d'une maniere si libre, si raisonnable & si convenable à la dignité de la Nature humaine.

Mais quoique ce que je viens de dire paroisse décider clairement en faveur du présent établissement, il y a d'autres circonstances qu'il faut mettre dans la balance; il seroit dangereux de régler notre jugement par un évènement ou un exemple.

Nous avons eu deux Rébellions durant cette florissante période, outre des conspirations sans nombre dont aucune, à la vérité, n'a été suivie d'un évènement vraiment fatal; ce que nous ne devons attribuer qu'au génie étroit des Princes qui ont entrepris de disputer notre établissement, & nous en croire nous-mêmes d'autant plus heureux. Mais les droits de la Famille bannie ne sont pas encore préscrits, & qui peut prédire que leurs tentatives futures ne produiront pas de plus grands désordres?

Les disputes entres les privilèges du Peuple & les prérogatives du Souverain, peuvent aisément être terminées par un concours de suffrages, par des Loix, des conférences

& des conceſſions, toutes les fois qu'il y aura de la modération & de la prudence des deux côtés, ou du moins d'un des côtés. Entre des titres qui ſe diſputent la queſtion ne peut être terminée que par l'épée, la guerre civile & la dévaſtation.

Un Prince qui occupe le Thrône avec un titre qu'on lui diſpute, n'oſe pas armer ſes Sujets, la ſeule méthode de mettre un Peuple entièrement à l'abri de l'oppreſſion domeſtique, & de la conquête des Etrangers.

Nonobſtant toutes nos richeſſes & notre réputation, quels riſques n'avons-nous pas courus dernièrement? & quel bonheur n'avons-nous pas eû d'échapper ſi heureuſement à des périls qui étoient moins dûs à une mauvaiſe conduite, ou à des évènemens malheureux de la guerre, qu'à la pernicieuſe pratique d'engager nos Finances, & à la maxime encore plus pernicieuſe de jamais n'acquitter nos Charges publiques? On n'eût certainement pas pris de ſi fatales meſures s'il ne ſe fût pas agi de ſoûtenir un établiſſement précaire (a).

____

(a) Ceux qui conſidéreront combien cette pratique pernicieuſe d'engager les fonds publics, eſt univerſelle par toute l'Europe, diſputeront peut-

Mais pour nous convaincre qu'un titre héréditaire est à préférer à un *titre Parlementaire* qui n'est pas soûtenu par quelque autre motif.   Un homme n'a qu'à se transporter lui-même à l'époque de la Restauration, & à se supposer Membre du Parlement qui rappella la Famille Royale, & mit fin aux plus grands désordres qu'aient jamais produits les différentes prétentions d'un Prince & de son Peuple.   Qu'auroit-on pensé de celui qui auroit proposé en ce tems de laisser à part Charles II. & de placer sur le Thrône le Duc d'Yorck ou celui de Glocester, uniquement afin d'exclure les titres que leur Pere & leur grand Pere avoient tant fait valoir ?   Un tel avis n'eût-il pas passé pour le projet d'un extravagant, qui aimeroit les remèdes dangereux, & qui n'auroit pas plus d'égard à la Constitution naturelle d'un Gouvernement, qu'un Charlatan n'en a au tempérament d'un malade qui a le malheur de tomber entre ses mains ?

être cette derniere opinion.   Mais nous en avons moins besoin que les autres Etats.

On a vû dans les REFLEXIONS de Mylord BOLINGBROKE, qu'il est entièrement de l'Avis de M. HUME, sur l'origine des fonds publics de l'Angleterre.

Les avantages qui réfultent d'*un titre Parlementaire*, & que le titre héréditaire n'a point, quoique grands, font trop rafinés pour être conçus par le Vulgaire; le gros du Genre humain ne les trouvera jamais fuffifans pour autorifer à commettre, ce qui feroit regardé comme une injuftice faite au Prince. Ils ont befoin d'être appuyés de quelque raifon frappante, populaire & familiere; & les gens fages, quoique convaincus de leur force, les rejetteroient par égard pour la foibleffe & les préjugés du Peuple. Un Tyran entreprenant, ou du moins un Bigot trompé, pouvoit feul par fa mauvaife conduite pouffer à bout la Nation, & rendre pratiquable ce qui d'ailleurs étoit peut-être toûjours à défirer.

En effet, la raifon donnée par la Nation pour exclure la Race de Stuart, & tant d'autres branches de la Famille Royale, ne regarde point leur titre héréditaire (qui, bien que jufte en lui-même, n'auroit pas laiffé de paroître abfurde à des appréhenfions vulgaires), elle ne regarde que leur Religion, qui nous force de comparer les défavantages ci-deffus mentionnés de chaque établiffement.

J'avoue qu'à confidérer la matiere en général, il feroit plutôt à fouhaiter que notre

Prince n'eût point de Domaines étrangers, &
pût borner toute son attention au Gouvernement de cette Isle: car sans parler de quelques inconvéniens réels qui peuvent résulter
des territoires sur le Continent, ils fournis-
sent un prétexte à la calomnie & à la diffa-
mation, que le Peuple qui est toûjours dispo-
sé à penser mal de ses Supérieurs, ne saisit
que trop avidement.   Il faut pourtant convenir qu'Hanovre est peut-être le Pays de
l'Europe qui a le moins d'inconvéniens pour
un Roi d'Angleterre.   Cet Etat est dans le
cœur de l'Allemagne, éloigné des grandes
Puissances qui sont nos Rivales naturelles.
Il est protègé par les Loix de l'Empire, aussi-
bien que par les armes de son propre Souverain, & il sert seulement à nous unir plus
étroitement avec la Maison d'Autriche, qui
est notre Alliée naturelle.

Dans la derniere guerre, il nous a été
avantageux, en nous fournissant un Corps
considérable de Troupes auxiliaires, les plus
braves & les plus fideles du monde.   L'Electeur d'Hanovre est le seul Prince considérable de l'Empire, qui pendant les derniers
troubles de l'Europe n'ait pas eu des vûes sé-
parées, ni entrepris de faire valoir de vieilles
prétentions.   Au contraire, il a agi pendant

tout ce tems avec la dignité d'un Roi de la Grande-Bretagne, & même depuis que cette Famille eft montée fur le Thrône, il feroit difficile de citer aucun mal qui nous foit arrivé au fujet de fes Etats Electoraux, excepté cette courte altercation de 1718. avec Charles XII. (*a*) qui fe réglant lui-même par des

---

(*a*) Au fujet des Duchés de Bremen & Verden, que le Roi d'Angleterre George I. acheta du Roi de Danemark, pour les réunir à fon Electorat d'Hanovre. Cette affaire qui fit en ce tems-là tant de bruit en Angleterre, peut très-bien aujourd'hui être ignorée de grand nombre de Lecteurs François.

Lorfque le Roi de Suede, Charles XII. étoit prifonnier à Bender, après la malheureufe bataille de Pultowa, fes Ennemis firent différentes incurfions dans fes Etats, & en partagèrent même une partie entre eux. Le Roi de Danemark s'empara des Duchés de Bremen & Verden, qui font entre l'Elbe & le Wefer, & entre les Etats de la Maifon de Brunfwick-Lunebourg & l'Océan Germanique. Ils convenoient par cette raifon au Roi d'Angleterre, Electeur d'Hanovre, à qui ils ouvroient une communication entre fon Electorat & fes Royaumes.

Le Roi de Danemark qui prévoyoit que les affaires de Charles XII. venant à changer, il ne conferveroit pas long-tems ces Duchés, les remit volontiers en féqueftre entre les mains du Roi George, pour la fomme de foixante mille piftoles. Le Héros de Suede fut outré de voir vendre ainfi pu-

maximes très-différentes de celles des autres

---

bliquement une partie de ses Etats: dès qu'il fut de retour dans son Royaume, il résolut de se venger de celui qui les avoit achetés. Gortz son Ministre se lia avec le Cardinal Albéroni, & tous deux, de concert, formerent le plan d'une invasion en Ecosse. Pour mieux ménager les moyens d'exécuter cette entreprise, Gortz fut envoyé Ambassadeur en Hollande & Gyllenbourg, homme sûr & capable, fut envoyé en Angleterre. Le Czar Pierre I. étoit sur le point d'entrer dans ce plan qui devoit terminer la guerre entre lui & le Roi de Suede.

M. le Duc d'Orléans, Régent de France, qui étoit étroitement lié avec le Roi d'Angleterre, decouvrit cette Conspiration, & l'en avertit à tems. (Ce fut aussi le Roi d'Angleterre qui donna à M. le Duc d'Orléans les premiers avis de la Conspiration tramée à Paris, entre M. le Duc du Maine & les Ministres d'Espagne, pour faire déclarer le Roi d'Espagne Gouverneur & Administrateur Général du Royaume de France.) Alors Gyllenbourg fut arrêté à Londres, & bientôt après Gortz à la Haye. Le Ministère Anglois fit imprimer leurs papiers qui avoient été saisis, & le dessein échoua pour avoir été ainsi exposé aux yeux du Public.

Mais le danger passé pour l'Angleterre, ne le fut pas pour l'Electorat d'Hanovre où les Suédois exercerent des hostilités. La Paix de l'Empire, que les Anglois ont intérêt de conserver, devint un prétexte pour employer l'argent & les forces

Princes, fit une querelle perſonnelle de chaque injure publique.

La perſuaſion Religieuſe de la Maiſon de
Stuart eſt un inconvénient plus dangereux, &
nous menaceroit de plus triſtes conſéquences.   La Religion Catholique Romaine, par
le nombre prodigieux de ſes Prêtres & de ſes
Religieux, entraîne beaucoup plus de dépen-
ſes que la nôtre : elle eſt auſſi moins toléran-
te dans les Pays même où l'Inquiſition n'eſt
pas établie.   Non contente de ſéparer l'Office * Sacerdotal du Royal (ce qui néceſſai-

---

d'Angleterre à la défenſe de cet Électorat ; ce qui
étoit manifeſtement contraire à une clauſe de
l'Acte d'établiſſement.   Le Parti oppoſé à la Cour
prétendoit que la Paix de l'Empire n'étoit qu'un
vain prétexte, & que le véritable but des Miniſtres
Anglois étoit d'aſſûrer au Roi ces nouvelles acquiſitions.   Il ſoûtenoit qu'il n'y avoit pas d'exemple qu'on eût fait un pareil uſage de l'argent & des
forces de la Nation.   D'un autre côté, le Miniſtè-
re ne craignoit pas d'avancer que ces acquiſitions
étoient très-avantageuſes à l'Angleterre même, à
cauſe de leur ſituation maritime.

* Il eſt aiſé de s'appercevoir que l'Auteur n'en-
viſage ici la Religion qu'en Politique qui n'eſt
point Théologien, & qui eſt Proteſtant.   Ses Principes ſont ceux de ſa Secte & de ſa Nation, c'eſt-à-
dire, ceux du Presbytérianiſme & de l'Ecoſſe. On

rement eſt préjudiciable à tout Etat), elle
donne le premier à un Etranger, qui a toûjours un intérêt ſéparé de celui du Public, &
peut ſouvent en avoir un qui y ſoit totalement oppoſé.

Mais quand même cette Religion ſeroit
plus avantageuſe à la Sociètè, elle eſt contraire à celle qui eſt établie parmi nous, &
qui probablement eſt pour long-tems en poſ-
ſeſſion des eſprits du Peuple; & quoiqu'il

en verra des preuves dans le Diſcours ſuivant, où
il ne paroît pas moins oppoſé aux Evêques qu'au
Pape. Si la fidélité qu'on eſt en droit d'exiger d'un
Traducteur ne me permettoit pas de déguiſer ſes
ſentimens, la décence ne me défendoit pas moins
de rendre en François tout ce que les expreſſions
Angloiſes ont de violent, d'injurieux & d'injuſte.
Ces déclamations des Ecrivains Proteſtans contre
la Religion Catholique ne doivent pas étonner un
Lecteur iudicieux; il doit même ſavoir gré à celui-ci de ſa bonne foi.   L'exemple qu'il cite plus
bas prouve, contre ſes propres principes, qu'un
Prince Catholique peut faire le bonheur des Sujets
d'une Religion différente qui lui ſont ſoûmis. Les
hautes vertus & la piètè ſolide du Souverain qui
gouverne aujourd'hui la Saxe & la Pologne, tranſ-
miſes à ſes Deſcendans, ne peuvent manquer de
perpétuer dans ſon Auguſte Maiſon l'une & l'autre
Couronne: à cet égard les vœux de l'Europe s'accordent avec ce que le bien des deux Etats demande.

ſoit

soit fort à souhaiter que les progrès de la raison & de la Philosophie puissent par degrès diminuer les haines violentes des Religions opposées par toute l'Europe ; cependant l'esprit de modération jusqu'ici a fait trop peu de progrès pour s'y fier entiérement.

La politique de la Maison de Saxe, où la même personne peut être un Roi Catholique & un Electeur Protestant, est peut-être le premier exemple dans les tems modernes, d'une conduite si raisonnable & si prudente. Cependant le progrès graduel de la superstition Catholique, pronostique ici même une prompte altération, après laquelle on doit craindre avec justice, que les persécutions ne mettent une prompte fin à la Religion Protestante dans le lieu même de sa naissance.

Ainsi le tout combiné, les avantages de l'établissement dans la Famille de Stuart, qui nous délivrent d'un titre disputé, semblent avoir quelque proportion avec ceux de l'établissement de la Maison d'Hanovre, qui nous délivrent des prétentions de la Prérogative: mais en même tems les désavantages du premier Parti, en plaçant sur le Thrône un Catholique Romain, sont beaucoup plus grands que ceux du fecond, qui donne la Couronne à un Prince étran-ger. Peut-être paroîtra-t-il encore difficile à quelques perfonnes de déterminer quel choix auroit fait dans le Regne du Roi Guillaume ou de la Reine Anne, un *Pa-triote* impartial, entre des vûes fi oppo-fées. Pour moi, je trouve la Liberté une bénédiction d'un prix fi ineftimable, que tout ce qui favorife fes progrès & fa fûreté, ne peut, à mon avis, être recher-ché avec trop d'ardeur par quiconque eft Ami du Genre humain.

L'établiffement dans la Maifon d'Ha-novre a prefentement pris place. Les Princes de cette Famille, fans intrigue, fans cabale, fans follicitation de leur part, ont été appellés pour occuper notre Thrô-ne, par la voix unanime de tout le Corps légiflatif. Ils ont depuis leur acceffion, montré dans toutes leurs actions toute la douceur, toute l'équité, & tous les égards poffibles pour les Loix & la Con-ftitution.

Nous avons été gouvernés par nos pro-pres Miniftres, nos propres Parlemens, par nous-mêmes, & s'il nous eft arrivé quelque mal, nous ne pouvons nous en prendre qu'à nous, ou à la fortune. Quels reproches ne feroit-on pas en droit de nous faire parmi les Nations, fi dégoûtés d'un établiffement, fait après une telle délibération, & dont les conditions ont été fi religieufement obfervées, nous replongions notre Patrie dans la confufion, & fi par notre légereté & nos difpofitions rébelles, nous nous montrions totalement incapables d'aucun autre état que celui de la fujettion & d'un Efclavage abfolu !

Le plus grand inconvénient qui naiffe d'un titre difputé, eft qu'il nous expofe aux dangers des Rébellions & des Guerres civiles. Quel Homme fage, pour éviter cet inconvénient, voudroit commencer lui-même directement une Guerre civile & une Rébellion ? Outre qu'une fi longue poffeffion, affurée par tant de Loix, doit aujourd'hui dans l'efprit de la plus grande partie de la Nation, avoir engendré un titre dans la Maifon d'Hanovre, indépendant de la poffeffion préfente ; de forte que par une révolution, nous ne pourrions plus à préfent obtenir le but propofé d'éviter un titre difputé.

Aucune révolution faite par les forces nationales ne fera en état, fans quelque autre grande néceffité, d'abolir nos Dettes & nos Charges dans lefquelles la fortune de tant de perfonnes eft intéreffée, & une révolution faite par des forces étrangeres eft une Conquête, calamité dont nous fommes menacés d'affez près par la balance précaire de la puiffance de l'Europe, & que vraifemblablement nos diffenfions civiles, plutôt encore que toutes les autres circonftances, attireront foudain fur nous.

<8> <8> <8> <8> O <8> <8> <8> <8>

DISCOURS XII.

ET DERNIER,

Idée d'une République parfaite.

De tous les Hommes les plus pernicieux dans un Etat font les Faifeurs de projets politiques, s'ils ont la puiflance, & les plus ridicules, s'ils ne l'ont pas; comme de l'autre côté, un Politique fage eft le caractere le plus avantageux de la nature, s'il eft accompagné de l'autorité, & le plus innocent, fans être totalement inutile, même quand il en eft privé. Il n'en eft pas des formes de Gouvernement (*a*), comme des machines ar-

___

(*a*) Je laiflerai au Lecteur à décider dans laquelle des deux Claffes doit être placé l'Auteur Anglois, qui a propofé de divifer la Grande-Bretagne en dix ou douze petits Etats totalement indépendans, fous prétexte que les petits Gouvernemens font favorables à la Population, quoique l'Hiftoire de l'Angleterre même nous apprenne qu'elle a été, durant l'Heptarchie Saxone, continuellement dévaftée, par des guerres qu'occafionnoient néceffairement les débats fur le Pouvoir & la Domination. Quelle quantité de Peuples n'a pas encore été détruite par les nombreufes & fanglantes Batailles,

tificielles, où l'on peut rejetter un vieux res-
fort, si l'on en découvre un plus exact &
plus commode ; & où, quoique le succès
foit douteux, on peut toûjours faire des épreu-
ves en fûreté. Un Gouvernement établi a
des avantages infinis, par cette feule circonftance qu'il eft établi. Le gros du Genre humain ne fe conduifant pas par l'autorité, ni
par la raifon, & n'attribuant jamais l'autorité,
à une chofe qui n'a pas la recommandation
de l'Antiquité. Ainfi un fage Magiftrat ne fe
hafardera jamais à effayer des projets qui n'au-

---

entre l'Angleterre & l'Ecoffe, avant la réunion de
ces deux Royaumes ! La Tranquillité, la Paix & la
Liberté dont l'Angleterre jouit actuellement, font
des biens non-feulement réels, mais ineftimables,
les avantages qui pourroient réfulter de pareilles
Conftitutions imaginaires, font trop incertains. A
quoi fervent toutes ces idées de perfections chimériques ? Ce n'eft point concourir au bonheur de
la Société, c'eft le troubler que de dégoûter les
hommes de leur condition préfente, fous prétexte
qu'elle n'eft pas auffi heureufe qu'elle pourroit l'ê-
tre, en repaiffant leur imagination d'une autre plus
heureufe, à la vérité, mais impoffible. De femblables Ecrits ne laiffent pas que d'échauffer des
têtes fanatiques, & le mieux qui en puiffe arriver
eft que ce foit en pure perte. On ne les rend pas
plus heureux, on ne les rend que plus mécontens.

ront d'autres fondemens que quelques fup-
pofitions ou quelques raifonnemens philofo-
phiques : au contraire, il refpectera tout ce
qui porte le caractère de l'Antiquité, & quoiqu'il puiffe tenter quelques changemens pour
le bien public, cependant il ajuftera, autant
qu'il lui fera poffible, fes innovations à l'ancienne fabrique, & confervera les principaux
piliers & les fupports de la Conftitution.

Les Mathématiciens de l'Europe ont été
très-partagés au fujet de la figure d'un Vaiffeau la plus commode pour la navigation.
Huygens qui à la fin a fixé cette controverfe,
paffe avec raifon pour avoir obligé le monde
favant auffi-bien que le monde commerçant;
quoique Chriftophe Colomb eût navigué à
l'Amérique, & que François Drake eût fait le
tour du monde, fans aucune découverte
pareille. Comme il faut avouer qu'une forme
de Gouvernement peut être plus parfaite
qu'une autre, indépendamment des mœurs &
des humeurs des hommes particuliers, pourquoi ne pourrions-nous pas rechercher quelle
eft la plus parfaite de toutes, quoique les Gouvernemens les plus ordinaires & les moins ré-
guliers paroiffent fervir aux fins de la Société,
& quoiqu'il ne foit pas fi aifé d'établir un nouveau Gouvernement que de bâtir un Vaiffeau

sur une nouvelle Théorie? Le sujet est certainement le plus digne de curiosité de tous ceux que l'esprit de l'homme peut se proposer. Dans le cas même où cette controverse seroit decidée par le consentement universel des Savans, qui sait si dans quelque siècle futur, il ne pourroit pas se trouver une occasion de réduire la Théorie en pratique, soit par la dissolution d'un ancien Gouvernement, ou par une combinaison d'hommes pour en établir un nouveau dans quelque partie du monde éloignée? Dans tous les cas, il doit être avantageux de connoître ce qu'il y a de plus parfait dans l'espèce, afin de nous mettre en état de rapprocher, autant qu'il est possible, toute Constitution réelle, ou forme de Gouvernement, de ce point de perfection, par des altérations imperceptibles & des innovations ménagées avec douceur, & de maniere à ne pas causer de trop grands troubles dans la Société.

Tout ce que je prétens dans le présent Essai, est de faire revivre ce sujet de spéculation; c'est pourquoi je vais exposer mes sentimens aussi briévement qu'il me sera possible. Une longue Dissertation sur cette matiere ne seroit pas, je crois, fort agréable au Public, qui est porté à regarder de pareilles recherches comme inutiles & chimériques.

Tous les plans de Gouvernement qui fuppofent de grandes réformations dans les mœurs, font véritablement imaginaires. De cette nature, font la République de Platon, & l'Utopie de Thomas Morus. *L'Occéana* (*a*) eft feul modelle eftimable de République qui ait encore été publié jufqu'ici

Les principaux défauts de *l'Occéana* me paroiffent être ceux-ci. Premierement, fon tournoyement dans les Charges a de grands inconvéniens en deftituant par intervalles des hommes de quelque capacité qu'ils foient, des emplois publics. Secondement, fes Loix Agraires font impraticables. Les hommes apprendront bien-tôt l'Art qui étoit en ufage dans l'ancienne Rome, de cacher fous d'autres noms leurs propres poffeffions, & à la fin, l'abus deviendra fi commun qu'ils ne voudront plus même prendre la peine de fe cacher. Troifièmement, *l'Occéana* ne fournit pas des fûretés fuffifantes pour la liberté ou la réforme des abus. Le Sénat doit propofer & le Peuple confentir, & par ce moyen, le Sénat a non-feulement une voix négative

_____

(*a*) *The Occéana of James Harrington, Efq.* Millar vient de donner une nouvelle Edition de tous les Ouvrages Politiques de cet Auteur, plus ample que celle de M. Toland.

O v

fur le Peuple, mais ce qui eft d'une conféquence beaucoup plus grande, la négative
du Sénat précéde les fuffrages de Peuple. Si
dans la Conftitution Angloife, la négative du
Roi étoit de la même nature, s'il pouvoit
prévenir la propofition de quelque Acte que
ce foit au Parlement, il feroit un Monarque
abfolu.   Comme fa négative fuit les fuffrages des deux chambres, elle eft de peu de
conféquence: tant la différence eft grande à
cet égard dans la maniere de placer la même
chofe.   Lorfqu'un Acte en faveur du Peuple
a été débattu dans les deux Chambres, que
l'on en a bien balancé & péfé les avantages
& les inconvéniens, & que le projet eft parvenu à fa maturité; fi enfuite il eft préfenté
pour obtenir le confentement du Roi, peu
de Princes fe hafarderont à rejetter le vœu
unanime du Peuple.   Mais fi le Souverain
étoit maître d'étouffer, pour ainfi dire, dès
fa naiffance, un Acte qui lui feroit dèfagréable
(comme cela s'eft pratiqué pendant quelque
tems dans le Parlement d'Ecoffe, par le moyen
des Seigneurs livrés à la Cour) le Gouvernement Anglois n'auroit plus de balance, & les
abus n'y feroient jamais réformés. Il eft certain qu'en quelque Gouvernement que ce
foit, le pouvoir exorbitant vient moins des

nouvelles Loix, que de ce qu'on néglige de remédier aux abus fréquens qui se glissent au détriment des anciennes. Un Gouvernement, dit Machiavel, a besoin d'être souvent ramené aux Principes de son institution. Il paroît donc que dans *l'Occéana*, l'on peut dire que toute la législature est entre les mains du Sénat, ce qu'Harrington avouroit être une forme de Gouvernement défectueuse, sur-tout l'Agraire étant aboli.

Voici une forme de Gouvernement, contre laquelle je ne puis prévoir dans la théorie aucune objection considérable. Que l'on divise la Grande-Bretagne & l'Irlande, ou quelque territoire que ce soit d'une pareille étendue en cent Comtés ou Provinces, & chaque Comté en deux cens Paroisses, faisant en tout dix mille. Si le Pays que l'on suppose vouloir ériger en République, est de moindre étendue, nous pouvons diminuer le nombre des Provinces, mais jamais les réduire au-dessous de trente. S'il est d'une plus grande étendue, il seroit mieux d'aggrandir des Paroisses, ou de mettre plus de Paroisses dans une Province, que d'augmenter le nombre des Provinces.

Que tous les Possesseurs de Francs-fiefs dans les Paroisses de la Comté ou de la Campagne, & tous ceux qui payent les droits de

Paroisse dans celles de la Ville, s'assemblent une fois l'an dans l'Eglise de la Paroisse, & qu'ils choisissent par ballot quelque Possesseur de Franc-fief de la Province pour leur Membre, qne nous appellerons le Représentant de la Province.

Que les cent Représentans des Provinces deux jours après leur élection, s'assemblent dans la Ville de la Comté, & choisissent par ballot de leur propre Corps, dix Magistrats de Province & un Sénateur. Il y aura dans toute la République cent Sénateurs, onze cens Magistrats de Province, & dix mille Représentans, Car nous donnerons à tous les Sénateurs l'autorité des Magistrats de Province, & à tous les Magistrats de Province l'autorité des Représentans.

Que les Sénateurs s'assemblent dans la Capitale, & qu'on leur confie tout le pouvoir exécutif de la République, le pouvoir de la paix & de la guerre, de donner des ordres aux Généraux, Amiraux & Ambassadeurs, & enfin toutes les Prérogatives d'un Roi d'Angleterre excepté sa négative.

Que les Représentans des Provinces s'assemblent dans leurs Provinces particulieres, & qu'ils possédent tout le pouvoir législatif de la République; le plus grand nombre des

Provinces décidant la queſtion, & dans le cas de partage, le Sénat ayant le ſuffrage prépondérant.

Chaque Loi nouvelle doit d'abord être débattue dans le Sénat, & quoique rejettée par l'Aſſemblée, ſi dix Sénateurs inſiſtent & proteſtent, elle doit être envoyée aux Provinces. Le Sénat peut joindre à la copie de la Loi ſes raiſons pour la recevoir ou la rejetter.

Comme il ſeroit embarraſſant d'aſſembler tous les Repréſentans des Provinces pour chaque Loi triviale qui pourroit être demandée, le Sénat a le choix d'envoyer cette Loi, ſoit aux Magiſtrats des Provinces ou aux Repréſentans.

Les Magiſtrats, quoique conſultés pour la nouvelle Loi, peuvent, ſi bon leur ſemble, appeller les Repréſentans de la Province & ſoumettre l'affaire à leur détermination.

Soit que la Loi ſoit référée par le Sénat aux Magiſtrats ou aux Repréſentans de la Province, huit jours avant celui indiqué pour l'Aſſemblée où l'on doit délibérer touchant cette Loi, il faut qu'on en envoie une copie à chaque Repréſentant, avec les raiſons qui ont déterminé le Sénat. Quoiqu'il ait renvoyé la déciſion de la choſe aux Magiſtrats, ſi cinq Repréſentans de la Province ordonnent aux

Magiſtrats d'aſſembler tout le Corps des Repréſentans, & de ſoûmettre l'affaire à leur
jugement, les Magiſtrats doivent obéir.

Les Magiſtrats de Province ou les Repréſentans, peuvent donner au Sénateur de la
Comté la copie d'une Loi pour être propo-
ſée au Sénat, & ſi cinq Provinces concourent
à la ſoûtenir, la Loi, quoique refuſée par le
Sénat, doit être envoyée aux Magiſtrats ou
aux Repréſentans des Provinces, comme elle
eſt contenue dans l'ordre des cinq Provinces.

Vingt Comtés ou Provinces par une délibération de leurs Magiſtrats ou de leurs Repréſentans, peuvent priver un homme de
tout Office public pour un an, trente Comtés pour trois ans.

Le Sénat a le pouvoir de chaſſer de ſon
Corps un ou pluſieurs Membres, ſans que
ceux ainſi renvoyés puiſſent être élus de nouveau pour cette année. Le Sénat ne peut
pas chaſſer deux fois dans une même année
le Sénateur de la même Comté.

Le pouvoir de l'ancien Sénat continue pendant trois ſemaines, après l'élection des Repréſentans de la Province; alors tous les nouveaux Sénateurs ſont enfermés dans un Con-
clave comme les Cardinaux, & par une maniere de balloter les ſuffrages ſemblable à

les qui se pratique à Venise & à Malte, ils choisiront les Magistrats suivans.   Un Protecteur qui représente la dignité de la République, & qui préside au Sénat; deux Secrétaires d'Etat.   Les six Conseils suivans: un Conseil d'Etat, un Conseil de Religion & de Science, un Conseil de Commerce, un Conseil de Loix, un Conseil de Guerre, un Conseil d'Amirauté; chacun de ces Conseils composé de cinq personnes, avec six Commissionnaires du Thrésor & un Commissionnaire principal.   Tous les Conseillers doivent être Sénateurs.

Le Sénat nomme aussi tous les Ambassadeurs dans les Cours étrangeres, qui peuvent être Sénateurs ou non.

Le Sénat peut continuer celles qu'il jugera à propos de ces personnes, & même toutes dans leurs emplois; mais il faut à chaque année les élire de nouveau.

Le Protecteur & les deux Secrétaires auront séance & suffrage dans le Conseil d'Etat. L'objet de ce Conseil sera tout ce qui concerne les affaires étrangeres. Le Conseil d'Etat aura séance & suffrage dans tous les autres Conseils.

Le Conseil de Religion & de Science aura l'inspection sur le Clergé & les Univerlités.

Celui du Commerce, l'infpection fur tout ce qui y a rapport. Celui des Loix fera chargé de réprimer les abus que les Magiftrats inférieurs peuvent commettre dans l'adminiftration de la Juftice, & d'examiner les moyens de perfectionner les Loix municipales. Celui de Guerre aura l'infpection fur la Milice, la Difcipline militaire, les Magafins, &c. Quand la République fera en guerre, il examinera les ordres à donner aux Généraux. Le Confeil de l'Amirauté aura le même pouvoir à l'égard de la Marine, avec la nomination des Capitaines, & de tous les Officiers inférieurs.

Aucun de ces Confeils ne pourra donner d'ordre de lui-même, excepté lorfqu'il en recevra le pouvoir du Sénat. Dans les autres cas, les différens Confeils feront obligés de communiquer chaque chofe au Sénat.

Lorfque le Sénat eft féparé, aucun de ces Confeils ne peut le convoquer avant le jour indiqué pour fon Affemblée.

Outre ces Confeils ou Cours, il y en aura un autre que l'on appellera la Cour des Compétiteurs, qui fera conftituée de la manière fuivante. Si pour l'Office de Sénateur, quelque Candidat a plus de voix que le troifième des Reprefentans; ce Candidat qui a le plus

de voix après le Sénateur élu, devient inca‑
pable pour un an de tout Office public, mê‑
me d'être Magiſtrat ou Repréſentant: au
lieu de quoi, il prend ſéance dans la Cour
des Compétiteurs. Voici donc une Cour qui
peut quelquefois être de cent Membres, &
quelquefois être ſans aucun Membre abſolu‑
ment, & par cette raiſon être entiérement
abolie pour un an.

La Cour des Compétiteurs n'a point de
pouvoir dans la République; elle a ſeulement
l'inſpection des comptes publics, & peut ac‑
cuſer quelque homme que ce ſoit devant le
Sénat. Si le Sénat l'abſout, la Cour des Com‑
pétiteurs peut appeller au Peuple, aux Ma‑
giſtrats ou aux Repréſentans. Sur cet appel,
les Magiſtrats ou les Repréſentans s'aſſem‑
blent au jour indiqué par la Cour des Com‑
pétiteurs, & choiſiſſent dans chaque Provin‑
ce trois perſonnes du nombre deſquelles tout
Sénateur eſt exclu. Ceux qui ſont élus au
nombre de trois cens, s'aſſemblent dans la
Capitale, & examinent de nouveau le Pro‑
cès de la perſonne accuſée.

La Cour des Compétiteurs peut propoſer
quelque Loi que ce ſoit au Sénat, & ſi elle y
eſt rejettée, en appeller au Peuple, c'eſt‑à‑di‑
re, aux Magiſtrats ou Repréſentans qui l'exa‑

mineront dans leurs Provinces. Chaque Sénateur qu'un Décret de ce Tribunal forcera le Sénat de renvoyer, prendra féance à la Cour des Compétiteurs.

Le Sénat posséde toute l'autorité judicative de la Chambre des Seigneurs, c'eft-à-dire, tous les appels des Cours inférieures. Il nomme auffi le Chancelier & tous les Officiers de Juftice.

Chaque Comté ou Province eft une efpèce de République au dedans d'elle-même; les Repréfentans peuvent faire des Loix particulieres pour le Pays, qui pourtant n'auront d'autorité que trois mois après qu'elles auront été paffées. On enverra une Copie de la Loi au Sénat & à toutes les autres Provinces. Le Sénat, ou quelque Province que ce foit, peut en tout tems annuller toute Loi d'une autre Province.

Les Repréfentans ont toute l'autorité des Juges de Paix d'Angleterre dans les Procès, &c.

Les Magiftrats ont la nomination de tous les Officiers employés à la perception des revenus de l'Etat dans chaque Comté. Toutes les caufes qui regardent cette matiere, fe portent en dernier reffort aux Magiftrats. Ils arrêtent les comptes des Officiers; mais il faut que les leurs propres foient examinés & paſſés à la fin de l'année par les Repréſentans.

Les Magiſtrats nomment les Miniſtres ou Recteurs de toutes les Paroiſſes.

On établira le Gouvernement Presbytérien, & la plus haute Cour Eccleſiaſtique ſera une Aſſemblée ou Synode de tous les Prêtres de la Province (a).

Les Magiſtrats peuvent ôter à cette Cour la connoiſſance de quelque cauſe que ce ſoit, & ſe la réſerver à eux-mêmes.

Les Magiſtrats peuvent juger & dépoſer ou ſuſpendre quelque Prêtre que ce ſoit.

La Milice ſera établie à l'imitation de celle qui ſe léve en Suiſſe, ſur laquelle nous n'inſiſterons pas, attendu qu'elle eſt très-connue. Seulement il ſera convenable d'y faire cette attention, qu'une Armée de vingt mille hommes ſoit tirée de tous les Citoyens de l'Etat, chacun à leur tour; qu'elle campe, & à cet effet, ſoit payée durant ſix ſemaines en Eté, afin que le ſervice d'un camp ne ſoit pas entierement inconnu.

Les Magiſtrats nomment tous les Colo-

____

(a) L'Auteur en dit ailleurs la raiſon, & c'eſt la trop grande affinité entre la Monarchie & l'Epiſcopat.

Eſſais Philoſophiques.

nels & les Officiers au-deſſous, le Sénat tous
ceux au-deſſus.   Pendant la guerre, le Général nomme le Colonel & tout ce qui eſt au-
deſſous, & ſa commiſſion eſt bonne pour un
an ; mais après il faut que l'Officier ſoit confirmé par les Magiſtrats de la Province à laquelle le Régiment appartient. Les Magiſtrats
peuvent caſſer tout Officier dans le Régiment
de leur Province.   Le Sénat peut faire la même choſe à l'égard de quelque Officier que
ce ſoit. Si les Magiſtrats ne jugent pas à propos de confirmer le choix du Général, ils
peuvent nommer un autre Officier dans la
place de celui qu'ils rejettent.

Tous les crimes ſont jugés dans la Province par les Magiſtrats & un Juré; mais le
Sénat peut arrêter toute procédure, & ſe ſai-
ſir de l'affaire.

Toute Province peut accuſer un Citoyen
de tout état & de tout rang devant le Sénat
pour quelque crime que ce ſoit.

Le Protecteur, les deux Secrétaires & le
Conſeil d'Etat, avec cinq perſonnes de plus,
nommées par le Sénat, auront dans les cas
extraordinaires le pouvoir Dictatorial pour
ſix mois.

Le Protecteur peut faire grace à toute perſonne condamnée par les Cours inférieures.

En tems de guerre, aucun Officier de l'Armée ne peut, tant qu'il sert, posséder aucun Office civil dans la République.

La Capitale que nous appellerons Londres, peut avoir quatre Membres dans le Sénat; ainsi elle peut être divisée en quatre Provinces. Les Représentans de chacune desquelles choisiront un Sénateur & dix Magistrats. Il y aura donc dans la Ville quatre Sénateurs, quarante-quatre Magistrats, & quatre cens Représentans. Les Magistrats auront la même autorité que dans les Provinces, ainsi que les Représentans; mais ils ne s'assembleront jamais dans une Cour générale: ils donneront leur voix dans leur division particuliere de cent.

Lorsqu'ils passeront quelque Loi particuliere pour la Ville, le plus grand nombre des Comtés ou Divisions déterminera la matiere. Dans le cas où il y aura partage, le suffrage des Magistrats décidera.

Les Magistrats choisiront le Maire, les Sheriffs, le Greffier & les autres Officiers de la Ville.

Dans la République, aucun Représentant, Magistrat ou Sénateur, comme tel, n'aura de salaire. Le Protecteur, les Secrétaires d'Etat, les Conseils, les Ambassadeurs en auront.

Dans la premiere année de chaque Siècle, on s'occupera à corriger tous les abus & toutes les inégalités que le tems aura pû produire dans la Repréſentation. Ceci doit être exécuté par le Corps législatif.

Les Aphoriſmes Politiques qui ſuivent, peuvent expliquer la raiſon de ces ordres.

La ſorte de Peuple la plus baſſe & les petits Proprietaires, ſont aſſez bons Juges de quiconque n'eſt pas à une grande diſtance d'eux par le rang & par l'habitation: c'eſt pourquoi il eſt vrai-ſemblable que dans leurs Aſſemblées Paroiſſiales, ils choiſiront pour leur Repréſentant le plus digne, ou celui qui eſt à peu près le plus digne. Mais ils ne ſont aucunement propres pour les Aſſemblées de Province, & pour choiſir les plus hauts Officiers de la République. Leur ignorance donne aux Grands les facilités de les tromper.

Dix mille hommes, quand même ils ne ſeroient pas choiſis annuellement, ſont un fondement ſuffiſant pour tout Gouvernement libre. Il eſt vrai que les Nobles en Pologne, ſont plus de dix mille, & que néanmoins ils oppriment le Peuple: mais comme là le pouvoir continue toûjours dans les mêmes perſonnes & dans les mêmes familles; cela les rend en quelque ſorte une Nation différente du Peuple: outre que les Nobles font encore dans cette République unis fous quelques Chefs de familles.

Tous les Gouvernemens libres doivent être compofés de deux Confeils, d'un petit & d'un plus grand, ou ce qui eft la même chofe, d'un Sénat & du Peuple. Le Peuple, comme le remarque Harrington (*a*), man-

___

(*a*) Ce font le foixante & feizième & le foixante & dix-feptième de fes Aphorifmes Politiques: il confirme le premier par l'exemple des Vénitiens, qui ayant mis à mort plufieurs de leurs Doges, à caufe de leur tyrannie, & étant affemblés dans leur Grand-Confeil en fi grand nombre, qu'ils étoient naturellement incapables d'aucune Délibération, choifirent quarante Nobles qu'ils appellerent *Pregati*, parce qu'ils furent priés de fe retirer à part, pour examiner & propofer enfuite au Grand-Confeil, ce que dans la difficulté de cette conjonćture il y avoit à faire pour le bien de la République. Le Sénat, qu'on nomme encore aujourd'hui les *Pregati*, & le Grand-Confeil, c'eft-à-dire, le Sénat & l'Affemblée Populaire de Venife, viennent delà, & de ces deux Confeils différens émanent tous ces ordres admirables de cette République.

Au quatre-vingt-dixième Aphorifme, il remarque judicieufement que les Républiques, qui, comme celle de Florence, fe font fait un principe de couper leurs Membres malades, fe font réduites elles-mêmes à un état d'impuiffance & de ruine,

queroit de fageffe fans le Sénat ; le Sénat fans le Peuple manqueroit de probité.

Une grande Affemblée de mille hommes, par exemple, pour repréfenter le Peuple,

que celles au contraire qui, comme Venife, ont eû pour maxime de les guérir, ont maintenu leur Conftitution toûjours floriffante.

HARRINGTON préféroit le Gouvernement de Venife à tous ceux du Monde entier. Il prétend qu'aucunes caufes externes ou internes, ne peuvent l'altérer, & va jufqu'à affurer qu'il ne doit finir qu'avec le Genre humain. Auffi dans le Modele de fa République d'*Occéana* (il entend l'Angleterre), a-t-il adopté plufieurs Principes & ufages Vénitiens. C'eft d'après le Plan de celle-ci, que M. HUME en le réformant en plufieurs chofes fur le modele de la République des Provinces unies, a tracé l'idée de la fienne. Il s'eft écarté de fes principes, en l'appellant *parfaite*. La perfection n'appartient pas plus aux Ouvrages des hommes, qu'une durée éternelle, dont il avouë qu'ils ne font pas fufceptibles.

Ce même HARRINGTON fe croyoit fi fûr de fon Principe : *Que la Balance du Pouvoir dépend de celle de Propriété*, qu'il ofa prononcer qu'il étoit impoffible de jamais rétablir la Monarchie en Angleterre ; mais à peine fon Livre fut-il publié, que Charles II. fut rappellé & rétabli fur fon Thrône. On peut peut-être tout calculer en Politique, excepté les effets du Fanatifme & de l'inconftance Populaire.

tombera dans le déſordre, ſi les débats y ſont permis; s'il n'y ſont pas permis, le Sénat a ſur le Peuple une négative, & la plus dangereuſe eſpèce de négative, celle avant la réſolution.

Il y a donc ici un inconvénient auquel aucun Gouvernement n'a encore pleinement rémédié, quoique la choſe me paroiſſe très-facile. Si le Peuple débat, tout eſt en confuſion; s'il ne débat pas, il ne peut plus que réſoudre, & alors le Sénat eſt le Maître. Diviſez le Peuple en pluſieurs Corps ſéparés, & alors ils pourront débattre en ſûreté, ſans qu'il en réſulte aucun inconvénient.

Le Cardinal DE RETZ dit que toute Aſſemblée nombreuſe de quelque maniere qu'elle ſoit compoſée, n'eſt que pure populace, gouvernée dans ſes débats par le moindre motif. Nous trouvons ce fait confirmé tous les jours par l'expérience. Lorſqu'un Membre eſt frappé d'une abſurdité, il la communique à ſon voiſin; elle paſſe ainſi de l'un à l'autre, juſqu'à ce que toute l'Aſſemblée en ſoit infectée. Séparez ce grand Corps, & quoique chaque Membre n'ait que le ſens qui eſt à peu près ordinaire, il n'eſt pas probable qu'autre choſe que la raiſon puiſſe prévaloir ſur le tout.

P v

Quand l'influence & l'exemple n'auront pas lieu, le Bon fens triomphera toûjours de l'abfurdité parmi un nombre de Peuple. Le Bon fens eft un; mais les folies font fans nombre, & chaque homme en a une diffé-rente. La feule maniere de tenir un Peuple fage eft de l'empêcher de s'unir en de grandes Affemblées.

Il y a deux chofes contre lefquelles il faut fe garder dans tout Sénat: fa combinaifon & fa divifion. Sa combinaifon eft très-dange-reufe, & nous avons pourvû à cet inconvé-nient par les remédes fuivans: Premièrement, le Peuple tient le Sénat dans une grande dé-pendance au moyen des Elections annuelles, faites, non par une populace ignorante & groffiere, telle que celle qui difpofe des Elections en Angleterre, mais par des gens de fortune & d'éducation. Secondement, le pouvoir qui leur eft confié eft très-petit; ils difpofent de peu d'Offices, prefque tous font donnés par les Magiftrats dans les Provinces. Troifièmement, la Cour des Compétiteurs les tiendra toûjours en refpect, attendu qu'el-le eft compofée d'Hommes qui font leurs Ri-vaux, & qui ayant le même objet, font mé-contens de leur fituation préfente.

La divifion du Sénat eft prévenue: Pre-

mièrement, parce que le nombre des Sénateurs est petit. Secondement, comme une
faction suppose une combinaison pour un intérêt séparé, elle est prévenue par la dépendance où le Peuple les tient. Troisièmement,
ils ont le pouvoir de chasser tout Membre
factieux. Il est vrai que lorsqu'un autre Membre arrive de sa Province avec le même esprit,
ils n'ont pas le pouvoir de le chasser, & il
n'est pas convenable qu'ils l'eussent; car cela
montre que l'humeur est dans le Peuple, &
vient probablement de quelque mauvaise
conduite dans les affaires publiques. Quatrièmement, on doit supposer que dans un
Sénat si régulièrement choisi, tout Homme
est capable de quelque Office civil que ce soit.
Il seroit donc avantageux pour le Sénat de
former quelques résolutions générales pour
la disposition des Offices parmi les Membres,
lesquelles résolutions cependant ne les astrain-
droient pas dans les tems critiques; lorsque
dans quelques Sénateurs, il y auroit d'un côté
un mérite extraordinaire, & de l'autre une
extraordinaire stupidité, mais elles suffiroient
du moins pour prévenir la brigue & la faction,
en donnant à la disposition des Offices une
forme courante & réglée. Par exemple, qu'il
y ait une résolution que personne ne pourra

posséder aucun Office, qu'il n'ait eû séance au Sénat pendant quatre ans. Qu'excepté les Ambassadeurs, aucun Homme ne pourra être en Charge deux ans de suite: qu'aucun Homme ne pourra parvenir aux plus grandes Charges, que par les plus petites: qu'aucun Homme ne sera Protecteur deux fois. C'est par de semblables régles que le Sénat de Venise se gouverne.

Dans les affaires du dehors, l'intérêt du Sénat ne peut presque pas être séparé de celui du Peuple; c'est pourquoi il est convenable de rendre à cet égard le Sénat absolu, autrement il n'y auroit ni secret, ni rafinement dans la Politique. D'ailleurs aucune alliance ne peut avoir lieu sans argent, & le Sénat est suffisamment dans la dépendance. Outre que le Pouvoir législatif, étant toûjours supérieur à l'exécutif, les Magistrats ou les Représentans peuvent interposer leur autorité toutes les fois qu'ils le jugent à propos.

Le principal soûtien du Gouvernement Anglois, est l'opposition d'intérêt; mais ce moyen, quoique avantageux dans le principal, engendre des factions sans fin. Dans le plan précédent la même cause produit tout le bien, sans opérer aucun mal. Les Compétiteurs n'ont aucun pouvoir de contrôler le

Sénat; ils ont feulement le pouvoir d'accuſer, & d'en appeller au Peuple.

Il eſt également néceſſaire de prévenir la combinaiſon & la diviſion des mille Magiſtrats. C'eſt à quoi il eſt pourvû ſuffiſamment par la ſéparation d'habitations & d'intérêts.

Mais dans le cas où cette précaution ſeroit inſuffiſante, la dépendance où ils ſont des dix mille pour leur élection, conduit à la même fin.

Ce n'eſt pas tout; car les dix mille peuvent reprendre leur pouvoir toutes les fois que bon leur ſemble, & non-ſeulement quand bon leur ſemble, mais encore lorſque ſeulement cinq de cent l'exigeront; ce qui doit arriver au premier ſoupçon d'un intérêt ſéparé.

Les dix mille ſont un Corps trop conſidérable pour s'unir ou ſe diviſer, excepté le cas où il ſeroit aſſemblé dans un ſeul lieu, & ſeroit ſubjugué par d'ambitieux Chefs de Parti. C'eſt encore un frein que leur Election annuelle par prèſque tout le Corps du Peuple.

Une petite République eſt au-dedans d'elle-même le plus heureux Gouvernement du Monde, parce que chaque choſe eſt ſous les yeux de ceux qui ſont à la tête des affaires, mais elle peut être aiſément ſubjuguée par une grande force du dehors. Ce plan paroît avoir tous les avantages d'une grande & d'une petite République.

Toute Loi particuliere de Province peut être annullée par le Sénat, ou par une autre Province, parce qu'il peut y avoir une oppofition d'intérêts; dans lequel cas aucune partie ne doit décider par elle-même. La matiere doit être remife au jugement de la Nation, qui déterminera mieux ce qui s'accorde avec l'intérêt général.

A l'égard du Clergé & de la Milice, les raifons de ce que l'on a réglé fur l'un & l'autre article font fenfibles. C'eft une folie de penfer qu'aucun Gouvernement libre puiffe être affûré & ftable, fans Milice & fans faire dépendre le Clergé du Magiftrat Civil.

Dans plufieurs Gouvernemens, les Magiftrats inférieurs n'ont d'autre récompenfe que celle que leur procure leur ambition, leur vanité, ou leur amour du bien public. Les Gages des Juges en France, font au-deffous de l'intérêt des fommes qu'ils payent pour leurs Charges. Les Bourgmeftres Hollandois n'ont guères plus de profit immédiat que les Juges de Paix d'Angleterre, ou que n'en avoient anciennement les Membres de la Chambre des Communes. Mais de peur qu'on ne foupçonne que cela n'engendre de la négligence dans l'adminiftration, ce qui n'eft guères à craindre vû l'ambition naturelle du Genre humain, donnons aux Magiftrats des Gages fuffifans. Les Sénateurs peuvent parvenir à tant de places honorables & lucratives, qu'il n'eft pas néceffaire d'acheter leur fervice. Celui des Repréfentans eft trop peu de chofe pour leur être à charge.

On ne peut douter que ce plan de Gouvernement ne foit praticable, quand on confidérera la reffemblance qu'il a avec la République des Provinces-Unies, autrefois l'un des plus fages & des plus fameux Gouvernemens qui aient jamais été dans le monde. Les changemens que l'on a faits dans ce plan-ci, font évidemment pour le mieux : Premièrement, la Repréfentation eft plus égale. Secondement, le pouvoir illimité des Bourgmeftres dans les Villes, qui forme une parfaite Ariftocratie dans la République de Hollande, eft corrigé par une Démocratie fagement tempérée, en donnant au Peuple l'élection annuelle des Repréfentans de la Province. Troifièmement, on fupprime ici la négative que chaque Province & chaque Ville a fur le Corps entier de la République de Hollande, à l'égard des alliances, de la paix, de la guerre

& des impofitions des Taxes. Quatrièmement, les Provinces dans notre plan ne font
pas fi indépendantes l'une de l'autre, & ne
forment pas tant de Corps féparés que dans
les fept Provinces, où le Gouvernement a été
fouvent troublé par la jaloufie & l'envie des
Provinces ou des Villes les plus petites contre les plus grandes, particulierement contre
laHollande & Amfterdam. Cinquièmement,
le Sénat fans avoir la faculté d'en abufer, eft
revêtu de pouvoirs plus étendus que les Etats
Généraux, & par ce moyen le premier peut
devenir plus expéditif & plus fecret dans fes
réfolutions, que cela n'eft poffible aux
derniers.

Les principaux changemens que l'on pourroit faire au Gouvernement Anglois pour le
porter au plus parfait modele d'une Monarchie limitée paroiffent être les fuivans (*a*).

(*a*) W. H UME, dans fes *Effais Moraux & Phi-
lofophiques*, a plus d'une fois difcuté les avantages
& les inconvéniens du Gouvernement Anglois; &
les moyens d'augmenter les uns & de diminuer les
autres. Dans l'*Effai IX*. il examine fi fa Conftitution préfente panche plus du côté de la Monarchie abfolue, ou du côté de la République. Après
avoir pefé mûrement les raifons de part & d'autre,
il affûre qu'à moins qu'il n'arrive quelque convul-

Pre-

Premièrement, il faudroit rétablir le plan

fion extraordinaire, le pouvoir de la Couronne ne peut plus qu'augmenter, quoiqu'il avoue que fes progrès font très-lents & prèfque infenfibles. „Le „torrent pendant long-tems entrainoit avec affez „de rapidité les Anglois au Gouvernement popu- „laire: il commence à préfent à les porter vers la „Monarchie." Je ne fais fi ce fait s'accorde avec le changement confidérable que, comme il le dit lui-même, le progrès des Sciences & de la Liberté ont opèré depuis cinquante ans dans les opinions des hommes, & avec l'aveu qu'il fait, que fi au tems de la Révolution les Anglois euffent été dans la même difpofition qu'ils font aujourd'hui, la Monarchie eût couru grand rifque d'être entiere- ment détruite dans cette Isle. Cette derniere Ré- flexion femble annoncer du moins le vœu des An- glois, fi ce n'eft pas celui de l'Auteur. Avec cela, comme tout Gouvernement doit finir, & que la mort eft auffi inévitable pour le Corps Politique, que pour le Corps Animal, il examine lequel gen- re de mort feroit plus défirable pour la Conftitu- tion Angloife, & s'il lui feroit plus avantageux de finir par un Gouvernement populaire, ou par une Monarchie abfolue. Là il déclare ouvertement, que quoique la Liberté foit infiniment préférable à l'Efclavage dans prèfque tous les cas; cependant il aimeroit mieux voir un Monarque abfolu, qu'u- ne République dans cette Isle: „Car examinons, „dit-il, quelle forte de République nous pour- „rions avoir. Il n'eft pas ici queftion de ces Ré-

Tome II.   Q

du Parlement Républicain, en rendant la Re-

„publiques imaginaires, dont un Homme peut
„former le plan dans fon Cabinet; il n'y a pas de
„doute qu'on ne puiffe imaginer un Gouverne-
„ment populaire plus parfait qu'une Monarchie
„abfolue, ou même que notre Conftitution pré-
„fente.   Mais quelle raifon avons-nous d'efpèrer
„qu'un pareil Gouvernement puiffe être établi
„dans cette Isle à la diffolution de notre Monar-
„chie?   Si une feule perfonne acquiert affez de
„pouvoir pour renverfer notre Conftitution, c'eft
„réellement un Monarque abfolu, & nous avons
„déja eu un exemple de cette efpèce, qui fuffit
„pour nous convaincre qu'une telle perfonne ne
„fe démettra pas de fon pouvoir pour établir un
„Gouvernement libre: fi fuivant notre Conftitu-
„tion préfente, la Chambre des Communes, dans
„un pareil Gouvernement populaire, demeure en-
„tièrement la Maîtreffe, les inconvéniens qui ré-
„fultent d'une pareille fituation d'affaires, fe pré-
„fentent par milliers.   Si la Chambre des Com-
„munes fe diffout elle-même en pareil cas, ce que
„l'on ne doit pas efpèrer, il faut à chaque Election
„nous attendre à une guerre civile: fi elle fe con-
„tinue, nous fouffrirons toute la tyrannie d'une
„Faction fubdivifée en nouvelles factions, &
„comme un Gouvernement fi violent ne peut fub-
„fifter long-tems, à la fin, après beaucoup de con-
„vulfions & de guerres civiles, nous trouverons
„notre repos dans une Monarchie abfolue, qu'il
„eût été plus heureux pour nous d'avoir établi

préſentation égale, & en ne permettant pas

„tranquillement dès le commencement.   La Mo-
„narchie abſolue eſt donc la mort la plus aiſée de
„la Conſtitution du Gouvernemeut Anglois."

Je ne ſais ſi M. HUME eſt bien d'accord avec
lui-même, lorſque ailleurs il dit *(Eſſai V. des
Principes du Gouvernement)* que la Cour a une
grande influence ſur le Corps Repréſentatif de la
Nation, qu'elle l'exerce tous les ſept ans à l'Election
des Membres qui le compoſent ; mais que ſi elle
vouloit employer cette même influence à chaque
Acte particulier qu'il lui plairoit de faire paſſer
(ce qui peut-être eſt arrivé plus d'une fois, ce qui
du moins n'eſt pas impoſſible) que cette influence
ſeroit bientôt perdue ſans reſſource, & que toute
l'habileté poſſible & tout le revenu même de la
Couronne ne pourroient plus la ſoûtenir ; que par
conſéquent il eſt d'avis qu'une altération en ce
point particulier, en introduiroit une totale dans
le Gouvernement Anglois, & le réduiroit bientôt
à une pure République.   Il ne la trouve pas ici ſi
difficile à établir ; il prétend même qu'elle pourroit être d'une forme aſſez avantageuſe :   „ Car
„quoique, dit-il, le Peuple raſſemblé en Corps,
„comme les Tribus Romaines, ne ſoit pas capable
„de Gouvernement ; cependant lorſqu'il eſt diſper-
„ſé en petits Corps il eſt plus ſuſceptible de raiſon
„& d'ordre : la force des torrens populaires eſt
„rompue en quelque degré, & il peut par ce
„moyen ſuivre le bien public avec méthode &
„conſtance."

Q ij

de voter aux Elections de Province à quiconque n'a pas cent livres sterling par an. Secondement, comme une pareille Chambre auroit trop de poids pour une Chambre des Seigneurs aussi foible que l'est celle d'aujourd'hui, il faut en retrancher les Evêques & les Pairs d'Ecosse, dont la conduite dans les précédens Parlemens a entièrement détruit l'autorité de cette Chambre. Le nombre des Membres de la Chambre haute doit être porté à trois ou quatre cens. Leurs places ne doivent pas être héréditaires, mais pour la vie : il faut qu'ils soient choisis par leurs propres Membres, & il ne devroit être permis à aucun Membre de la Chambre des Communes, de refuser à celle des Seigneurs une place qui lui seroit offerte. Celle-ci par ce

---

Si le Gouvernement Anglois incline, comme on le dit, du côté de la Monarchie, je soupçonnerois la plus grande partie de ceux qui en ont écrit d'avoir du penchant pour la forme Républicaine. Quoi qu'il en soit, des contradictions, telles que celles que je viens de relever, si c'en sont, ne doivent pas étonner de la part des meilleurs Auteurs, quand ils traitent de pareilles matieres; elles sont pour le moins aussi délicates que difficiles. D'ordinaire ni on ne dit tout ce qu'on pense, ni on ne pense tout ce qu'on dit. On veut bien être deviné, mais on ne veut pas se compromettre.

moyen feroit entièrement compofée des Hommes qui auroient le plus de capacité, de crédit & d'intérêt dans la Nation. Tout Chef de Parti turbulent de la Chambre des Communes en pourroit être tiré & lié d'intérêt avec celle des Pairs. Une telle Ariftocratie feroit une excellente barriere pour & contre la Monarchie. A préfent la balance de notre Gouvernement dépend en quelque degré de l'habileté & de la conduite du Souverain qui font des circonftances variables & incertaines.

J'avoue que ce plan de Monarchie limitée, quoique corrigé, eft encore fujet à de grands inconvéniens. Premièrement, quoiqu'il puiffe modèrer, il ne détruit pas entièrement les factions oppofées de la Cour & du Peuple. Secondement, le caractère perfonnel du Roi conferve toûjours une grande influence fur le Gouvernement. Troifièmement, l'épée eft dans les mains d'une feule perfonne qui négligera toûjours de difcipliner la Milice pour avoir un prétexte à garder une Armée fur pié. Il eft évident que cet article-ci eft une maladie mortelle dans le Gouvernement Anglois, dont il faut qu'à la fin il périffe infailliblement. Je dois pourtant avouer que la Suede paroît en quelque forte avoir rémèdié à cet inconvénient, & avoir une Milice avec fa Monarchie limitée, auffi-bien qu'une Armée fur pié, qui n'eft pas auffi dangereufe que celle d'Angleterre.

Nous conclurons ce fujet en obfervant la fauffeté de l'opinion commune, qu'aucun grand Etat, comme la France ou l'Angleterre, ne peut être réduit en République, mais qu'une pareille forme de Gouvernement ne peut avoir lieu que dans une Ville, ou dans un petit Territoire. Le contraire paroît évident ; quoiqu'il foit plus difficile de former un Gouvernement Républicain dans un Pays étendu, que dans une Ville, il y a plus de facilité, lorfqu'il eft une fois établi, de le maintenir ferme & uniforme dans le premier cas, que dans le fecond. Il n'eft pas aifé pour les parties éloignées d'un grand Etat, de fe combiner pour concourir à un plan de Gouvernement libre ; au contraire, elles s'accordent aifément à éftimer & refpecter une perfonne particuliere, qui par les moyens de cette faveur populaire, peut s'emparer du pouvoir, & forçant les plus obftinés à fe foûmettre, établir un Gouvernement Monarchique.

D'un autre côté, une Ville concourt avec plaifir dans les mêmes notions de Gouver-

nement; l'égalité naturelle des biens favorife la Liberté, & le voifinage d'habitation met les Citoyens à portée de s'affifter
mutuellement l'un l'autre. Même fous les
Princes abfolus, le Gouvernement fubor-
donné des Villes eft communement Républicain, tandis que celui des Provinces
eft Monarchique. Mais les mêmes circonftances qui facilitent l'érection des Républiques dans les Villes, rendent leur Conftitution plus fragile & plus incertaine.

Les Démocraties font turbulentes ; car
quoique le Peuple puiffe être féparé ou divi-
fé en petites parties, foit pour les Elections,
foit pour délibèrer des affaires de la République, le voifinage des habitations dans
une Ville rendra toûjours très-fenfible la
force des torrens populaires. Les Arifto-
craties conviennent mieux à la paix & à
l'ordre, & conféquemment ont été plus ad-
mirées par les anciens Auteurs, mais ces
avantages font achetés par la jaloufie & l'op-
preffion qu'elles exercent. Dans un grand
Gouvernement que des hommes également
habiles & fages auroient formé & établi, il
y auroit affez de place pour perfectionner
la Démocratie, depuis le Peuple le plus
bas qui peut être admis aux premieres

Q iiij

Elections, qui font comme la premiere compofition de la République, jufqu'aux plus hauts Magiftrats qui en dirigent tous les refforts. En même tems les parties en font fi diftantes & fi éloignées, qu'il eft très-difficile, foit par intrigue, par préjugé ou par paffion, de les précipiter dans des mefures contre l'intérêt public.

Il eft inutile de chercher fi un pareil Gouvernement feroit immortel. Je conviens de la jufteffe de l'exclamation du Poëte, fur les projets fans fin de la race humaine : *Homme & pour toûjours !* Le Monde lui-même probablement n'eft pas immortel. Il peut arriver des playes fi fatales, que même un parfait Gouvernement qu'elles auroient altéré, deviendroit la foible proye de fes voifins. Nous ne favons pas jufqu'où l'enthoufiafme, ou quelque autre mouvement extraordinaire de l'efprit, peut transporter les hommes, au préjudice de tout ordre & du bien public? Où la différence d'intérêt ceffe, la faveur ou l'inimitié donnent fouvent naiffance à des factions capricieufes, & dont il eft impoffible de rendre compte. La rouille peut s'attacher aux refforts les plus exacts de la machine politique, & le dèfordre s'enfuivre dans tous fes mouvemens.

Enfin de grandes conquêtes, fi elles font fuivies, deviennent néceffairement la ruïne de tout Gouvernement libre, du Gouvernement même le plus parfait, plutôt que de l'imparfait, & précifèment à caufe des avantages que le premier poffède au-deffus du dernier : & quoiqu'un pareil Etat doive établir une Loi fondamentale contre les conquêtes ; cependant les Républiques ont de l'ambition, auffi-bien que les Particuliers, & l'intérêt préfent fait que les hommes oublient leur poftérité. C'eft un encouragement fuffifant pour les efforts humains, qu'un pareil Gouvernement fleuriroit plufieurs Siècles, fans prétendre donner à aucun Ouvrage humain cette immortalité que le Tout-puiffant paroît avoir refufée à fes propres Ouvrages.

Fin des Difcours Politiques.

NOTICE

DE QUELQUES-UNS DES
Principaux Ouvrages Anglois
fur le Commerce.

*S*ir *WALTER RALEIGH's Obfervations on Trade.*

Je place ces Obfervations à la tête des Ouvrages Anglois fur le Commerce, comme
la fource où plufieurs de ceux qui en ont
écrit ont puifé.   On doit compter l'Auteur
au rang des illuftres Malheureux ; il n'a péri
fur un échaffaud que pour avoir manqué
une entreprife qui devoit procurer de grandes richeffes à fa Nation.   S'il eût apporté
de l'Amérique l'or qu'il y avoit été chercher,
il eût été trouvé innocent.

ROBERT's Map of Commerce. (La
Carte du Commerce par M. R OBERT.)

Ce Livre, le fruit d'un grand travail & de
beaucoup d'expérience, eft conforme à fon
Titre.   On y trouve des vûes générales fur

le sujet qui y est traité, & il ne laisse pas d'être bon à consulter pour les cas particuliers qui peuvent se présenter.

England's Treasure by Forraign Trade, &c. Written by THOMAS MUN.

Cet Ouvrage que M. Mun, un riche & célèbre Négociant de Londres (*a*), homme qui avoit autant de sagacité d'esprit, que de connoissance, a composé pour l'instruction de son Fils il y a près d'un Siècle, a été publié par ce Fils après la mort du Pere en 1664. Il a depuis été traduit en François, sous ce Titre : *Traité du Commerce, dans lequel on trouvera les moyens dont on peut legitimement se servir pour s'enrichir.* C'est le premier de cette espèce où il y ait des idées politiques.

______

(*a*) La réputation de M. Mun étoit si grande de son tems que Ferdinand I. Grand Duc de Toscane, qui étant fort riche en argent, cherchoit à l'employer pour augmenter le Commerce de ses Sujets, en prêtant de grandes sommes à ses Négocians pour de très-petits profits, en avança une de quarante mille écus *gratis* pour un an entier à M. Mun, quoiqu'il fût sûr que ce Négociant Anglois devoit l'envoyer aussi-tôt en espèce en Turquie, où elle seroit employée à payer des marchandises que M. Mun rapporteroit dans ses Etats, étant bien convaincu que dans ce trafic cet argent y rentreroit avec intérêt.

L'Auteur, comme je l'ai remarqué ailleurs, a de plus eû le courage d'attaquer des préjugés prèſque univerſellement reçus. Ces Maximes, qui éparſes en petit nombre dans les Livres modernes ſur le Commerce, y brillent comme de nouvelles découvertes, ſe trouvent la plûpart dans le ſien liées les unes aux autres, comme un Corps de principes & de conſéquences ; c'eſt peut-être de tous ceux qui traitent de la même matiere, celui où il y a le moins d'erreurs & le plus de vérités ſolides.

On ne peut douter que M. HUME ne l'ait conſulté ; car les Principes de l'un & de l'autre ſont à peu près les mêmes, ſur les points capitaux du Commerce, ſur la valeur réelle de l'Argent, & ſur les cauſes qui le font entrer ou ſortir dans un Etat.

Some Conſiderations of the conſequences, of the Lowering, of Intereſt, and Raiſing, the Value, of Money, &c. By M. JOHN LOCKE. (Conſidérations ſur les conſéquences de la Réduction des Rentes & de l'augmentation de la Valeur des Eſpèces.) Le nom de l'Auteur eſt un garant ſûr du mérite de l'Ouvrage.

Je le place au rang de ceux qui ont été écrits ſur le Commerce, parce que comme le dit M. Locke lui-même, l'Argent & le Commerce font inféparables. M. Du Pré de Saint-Maur, qui nous a donné il y a quelques années un *Effai fur les Monnoies, & fur le Rapport entre l'Argent & les Denrées*, s'eft fait gloire d'adopter les Principes de l'Auteur Anglois, qu'il a fait fervir de bafe aux Notions préliminaires d'un Livre rempli de Recherches également curieufes & utiles.

KAUGHTON of Trade. M. Kaughton étoit un Apothicaire, homme d'efprit & grand Faifeur de Projets. Il lui eft arrivé ce qui arrive à tous ceux qui donnent carriere à leur imagination, c'eft de fe tromper fouvent, quoiqu'il paroiffe toûjours bien perfuadé qu'il a raifon. En général il eft fuperficiel, & fur-tout lorfqu'il s'efforce d'être profond. Malgré cela, fi fon Ouvrage eft fingulier, il ne laiffe pas d'être agréable & inftructif, & par conféquent n'eft point à méprifer. C'eft un grand magafin de faits qu'on ne trouve nulle autre part. Le Principe fur lequel il établit fon fyftème eft qu'un fentiment de befoins eft une fource d'abondance & que par conféquent plus on peut fuggérer, pour ainfi dire, de befoins nouveaux, plus fi on y réuffit, on fera naître d'abondance. C'eft affûrément de ce principe que font partis ceux qui ont établi le befoin du Tabac, denrée fi peu néceffaire par elle-même, & dont l'ufage devenu univerfel par toute l'Europe, a fi prodigieufement augmenté les revenus des Souverains. Ce Principe revient à peu près à la Maxime des Financiers, que M. HUME examine Difcours VII. *Qu'une nouvelle Taxe fait naître une nouvelle induftrie pour la fupporter &c.*

Dr. PAXTON's Difcourfe of Trade. (Difcours fur le Commerce du Docteur PAXTON.)

Cet Auteur eft un homme d'efprit qui donne un air affez vraifemblable à tout ce qu'il avance ; mais il y a dans fon Ouvrage un grand mêlange de vérités & de menfonges, de bon fens & d'inconféquence, ce qui fait qu'il eft trop eftimé par les uns & trop méprifé par les autres.

BRITISH MERCHANT. (Le Négociant Anglois.)

Ce Livre expofe la maniere dont penfent en Angleterre ceux qu'on appelloit autrefois les *Whigs*, & que l'on nomme aujourd'hui le Parti de la Cour. Comme il renferme une quantité de chofes très-utiles, il y eft en très-haute eftime. Plufieurs perfonnes des plus habiles de ce tems-là y ont eu part : mais les plus grands Hommes dans leur genre font encore quelquefois de grandes fautes. On en reproche une confidérable au *Négociant Anglois ;* c'eft de fuppofer trop aifément que la prohibition du Commerce de l'Angleterre, avec quelque Nation, doive néceffairement devenir fatale à celui de cette Nation qu'elle veut faire tomber. Ce Livre d'ailleurs contient d'excellens principes, & fait fentir toute l'importance du Commerce & de fes branches infinies ; c'eft la connoiffance de ces détails particuliers, dont l'étude eft immenfe, qui, à proprement parler, conftitue la fcience du Commerce. L'Auteur à qui nous devons les *Elémens du Commerce,* nous avoit donné quelque tems auparavant une Traduction du *Négociant Anglois,* & nous lui avons de plus l'obligation d'avoir relevé quelques erreurs de l'Original.

Dr. DAVENANT's Report, &c.

Cet Ouvrage de M. DAVENANT, qui fut peut-être trop cenfuré lorfqu'il parut pour la premiere fois, eft aujourd'hui d'une grande autorité en Angleterre. Il s'y étoit propofé pour objet de faire voir que le Commerce de cette Nation devenoit plus étendu par la Paix d'Utrecht. Parmi les moyens qu'il a employés pour le prouver, il a communiqué au Public une quantité de faits, dont la connoissance est de la plus grande importance pour le Commerce. C'est à cet Auteur que l'on doit la perfection de l'Arithmétique Politique, dont M. GUILLAUME PETTY est l'Inventeur. On peut regarder cette Science comme celle qui fait les habiles Ministres, & sans laquelle il n'est pas possible de bien conduire les affaires, soit dans la Paix, soit dans la Guerre.

Sir JOSIAH CHILD est un Négociant Anglois qui avoit fait une fortune immense par son Commerce, & dont les Descendans ont depuis été créés Comtes & Vicomtes. Il passe aujourd'hui pour le plus habile de ceux qui ont écrit sur cet objet important, quoiqu'on ne lui ait pas d'abord rendu cette justice. Son Ouvrage n'est à présent si estimé, que parce qu'il est mieux entendu qu'il ne l'étoit alors. Il y régne un grand sens, & la connoissance la plus profonde de la matiere qu'il traite. Ceux qui l'étudieront avec soin, sont sûrs d'y trouver les Rudimens de cette Science,

dont

dont l'objet eſt de rendre un Pays riche &
le Peuple qui l'habite heureux. Il eſt certainement digne de la curioſité de ceux
qui font un aſſez bon uſage de leur eſprit,
pour s'occuper des matieres qui intéreſſent
le plus la Sociètè. Auſſi la Traduction
que j'en avois annoncée à la premiere Edition de ces Diſcours Politiques a-t-elle été
extrèmement bien reçue du Public. On l'a
doit au zele d'un Citoyen inſtruit de tous
les différents Commerces de l'Europe &
uniquement occupé de ce qui peut contribuer à l'aggrandiſſement du notre.

*The Trade and Navigation of Great-Bri-
tain by JOSHUA GE'E.*

Cet Anglois étoit un Quaker Négociant,
dont l'Ouvrage en a d'abord beaucoup im-
poſé, & eſt encore en grande eſtime parmi
les Gens ſuperficiels, parce qu'il donne une
idée générale aſſez juſte du Commerce de ſa
Nation : ce qu'il y a de ſingulier, c'eſt
qu'après avoir prouvé que l'Angleterre fait
le plus grand Commerce, ce bon Quaker
ſe dèſeſpere vraiment de ce qu'elle ne fait
pas ſeule le Commerce de toute l'Europe.
Il prétend de plus prouver qu'elle auroit de
quoi le faire.

Aléxandre lui-même n'avoit pas à beaucoup près l'ame auffi ambitieufe que plufieurs des Négocians Anglois ; il en eft qui, quand même ils feroient, non-feulement le Commerce de tout le Monde connu, mais, s'il étoit poffible, le Commerce de tous les Mondes que Dieu a faits, au lieu de le remercier de celui dont ils jouïroient, continueroient à fe plaindre & en demanderoient encore davantage. Tel eft l'Efprit qui regne dans l'Ouvrage de M. Joshua Ge'e ; c'eft le Recueil de différens Mémoires qu'il avoit préfentés lui-même au Gouvernement pour augmenter le Commerce d'Angleterre, & fur-tout celui de fes Colonies qu'il paroît avoir très-bien entendu. Il eft avantageux à une Nation d'avoir des Négocians ardens, & qui témoignent autant de zèle pour le bien public, quoique l'intérêt particulier foit communement ce qui les échauffe le plus ; mais il peut être dangereux pour des Miniftres d'écouter trop ce zèle, qui fouvent eft indifcret. Le Parlement d'Angleterre lui-même en a fait plus d'une fois l'épreuve. Quoi qu'en dife M. Ge'e, lorfqu'on voudra en Angleterre interdire

abſolument l'entrée de toutes les Den-
récs de France, notre Gouvernement
uſera de repréſailles, & les Anglois ſeront ceux qui en ſouffriront le plus; ils
n'en ont point qui ſoient pour nous de
néceſſité abſolue, & la richeſſe de notre
climat en produit dont, moralement parlant, ils ne peuvent ſe paſſer.

OUVRAGES

SUR LE COMMERCE,

les Finances, &c. cités dans les Notes ſur les DISCOURS de M. HUME, & qui ont paru en France depuis deux ans.

Théorie & Pratique du Commerce & de la Marine, Traduction libre ſur l'Eſpagnol de Don GERONYMO DE UZTARIZ. A Paris chez la Veuve Eſtienne & Fils, rue Saint Jacques, à la Vertu, M. DCC. LIII.

Le Titre du Livre en annonce l'importance, & il le remplit. Tout excellent qu'il eſt, il s'en faut beaucoup pourtant qu'il ſoit auſſi connu en France qu'il mérite de l'être. Ceux que nous regardons comme nos Maîtres en cette partie, les Anglois eux-mêmes ont trouvé de quoi s'inſtruire dans les ſages Réflexions de cet Auteur Eſpagnol. Il a eû pour objet le bien de ſa Patrie; il a occupé des Places qui le mettoient à portée de le connoître. Il a vû les chofes en Grand, en Homme d'Etat. Il déduit les effets des caufes. Il remonte à la fource du mal quel qu'il foit, & il en indique le remède. En fe plaignant, comme le Cardinal ALBÉRONI, de la prodigieufe diminution de la Puiffance d'Efpagne, & de la Dépopulation de cette vafte Monarchie ; il attribue moins ce malheur à la Découverte des Indes, & à l'expulfion des Maures, qu'à la mauvaife Adminiftration des Finances, qui a fait tomber les Manufactures & abandonner la Culture des Terres. Ce n'eft pas feulement par attachement pour fon Pays, c'eft parce qu'il le connoît mieux que ce Miniftre étranger, qu'il réfute le préjugé où l'on eft fur l'exceffive pareffe & le peu d'induftrie des Efpagnols. En faifant voir ce qu'ils ont été autrefois, il prouve ce qu'ils pourroient être encore', fi fuivant fes principes on rémédioit petit à petit à ce que l'Etat a fouffert par une longue fuite de mauvaifes Adminiftrations. Et que ne doit-on pas fe promettre en effet de la fageffe du Prince qui regne aujourd'hui & de l'attention qu'il donne au bien de fes Sujets!

Nous devons cette Traduction l'un des meilleurs Ouvrages que nous ayons fur cette matière à Mr. DE FORTBONNAIS dont *les Elements du Commerce* ont rendu depuis le nom si célèbre.

Rétablissement des Manufactures & du Commerce d'Espagne, traduit de l'Espagnol de Don BERNARDO DE ULLOA, dédié à PHILIPPE V. *& publié à Madrid en* 1740. *imprimé à Amsterdam, & se trouve à Paris chez les Freres Estienne, rue Saint Jacques,* M. DCC. LIII.

M. DE DANGEUL avant que de publier ses propres Réflexions sur le Commerce de France & sur celui d'Angleterre avoit prouvé par cette Traduction son goût pour les Ouvrages dont le bien public est l'objet. Celui-ci peut être regardé en quelque sorte comme un Commentaire & un Supplément du précédent, & méritoit d'autant plus de paroître en notre Langue, que, suivant la sage Réflexion du Traducteur, ce que Don BERNARDO DE ULLOA dit sur les Douanes intérieures & sur les Droits d'entrée & de sortie d'Espagne, n'est pas si particulièrement propre à ce Royaume, qu'une autre Nation n'en pût faire son profit par de sages applications.

Le Négociant Anglois, ou Traduction libre du Livre intitulé: THE BRITISH

M ERCHANT, *contenant divers Mémoires sur le Commerce de l'Angleterre avec la France, le Portugal & l'Espagne, publié pour la premiere fois en* 1713. (deux Volumes) *imprimé à Dresde, & se vend à Paris chez les Freres Estienne, rue Saint Jacques, à la Vertu,* M. DCC. LIII.

J'ai parlé ailleurs du mérite de cet Ouvrage dont nous devons encore la Traduction à Mr. DE FORTBONNAIS. Quoy qu'en rendant les plus grands services à sa Patrie, sa modestie lui fasse garder l'anonyme, il ne doit pas trouver mauvais que je cherche à satisfaire la curiosité du Public toûjours empressé de connoître & d'honorer les noms de ceux qui consacrent leurs veilles à son utilité.

Essai Historique sur les differentes situations de la France par rapport aux Finances sous le Regne de L OUIS XIV. *& la Régence du Duc d'Orléans, par* M. DEON DE BEAUMONT. À *Amsterdam* (Paris) *aux dépens de la Compagnie,* M. DCC. LIII.

Le jeune Homme qui a cherché à se faire connoître par cet Ouvrage n'a point approfondi les causes, & s'est contenté d'écrire les faits. Il **a** puisé dans les

bonnes fources les Eloges & les Critiques qu'il fait des différens Miniftres,
qui ont régi les Finances pendant cette
longue fuite d'années. Son objet principal eft de prouver que fi dans les tems
où la France pouvoit prévoir qu'elle auroit de longues & fàcheufes guerres à
foûtenir, elle avoit pris des mefures pour
ne pas laiffer groffir & perpétuer les
charges qu'elle étoit obligée d'impofer
fur l'Etat, & les Dettes que le Roi étoit
forcé de contracter, elle n'auroit ni épui-
fé les Sujets & les Finances, ni détruit,
comme elle a fait par degrès, fon Crédit public & particulier : mais que malheureufement le Gouvernement n'ayant
jamais fongé qu'au préfent, fans fe mettre en peine de l'avenir, le mal s'eft ac-
cru de Miniftre en Miniftre, & que le
dernier en Place a toûjours été occupé
à étayer plutôt l'édifice, qu'à le rétablir
fur des fondemens folides. L'Effai finit
par ce que l'Auteur appelle une ébauche
du Portrait d'un vrai Miniftre des Finances (a), qui doit toûjours penfer, dit-il,

---

(a) Quelque beau que foit le Portrait que M.
le Duc DE SULLY a tracé d'un Miniftre des
qu'il

qu'il eſt celui ſur lequel les Peuples ont le plus les yeux ouverts ; qu'il eſt proprement le Pere, le Juge & l'Econome du Royaume ; qu'il eſt, pour ainſi dire, l'Arbitre des Fortunes, & qu'il réunit en lui ſeul les vœux, les eſpérances & ſur-tout la confiance de tous les Sujets. Aprés avoir achevé ce Portrait, il ajoûte qu'il n'eſt point imaginaire, & que les exemples du paſſé & du préſent lui en ont fourni les traits. On reconnoît en effet qu'il les a empruntés de M. COLBERT, & d'un Miniſtre qu'on ſe hâte de nommer ſans qu'il le déſigne & qui devient tous les jours plus cher à la France.

Diſſertation ſur l'Etat du Commerce en France, ſous les Rois de la premiere & de

---

Finances, comme il s'y eſt peint lui-même, on ne peut nier que ce Portrait ne ſe ſente de ce que ſes Maximes & ſes Mœurs ont eu de trop outré ſur pluſieurs choſes, & ſpécialement ſur le Luxe. Tout ce qu'il y a à dire ſur ce ſujet, me paroît renfermé dans les quatre qualités que le Cardinal DE RICHELIEU exige pour rendre un Homme digne d'entrer dans les Conſeils du Roi, qui ſont la Capacité, l'Application, la Fidélité & la Fermeté.

la seconde Race, qui a remporté le Prix au Jugement de l'Académie des Sciences, Belles Lettres & Arts d'Amiens en l'année 1752. *par* M. *l'Abbé* CARLIER. A *Amiens chez la Veuve Godart, & se vend à Paris chez Lambert, &c.* M. DCC. LIII.

On ne peut trop louer un Auteur qui fait paroître autant d'érudition, de l'avoir tournée du côté d'un objet aussi intéressant & aussi utile. Il partagera avec l'Académie d'Amiens le mérite qu'elle a d'avoir, pour ainsi dire, ouvert cette nouvelle carriere aux Gens de Lettres. Le Prix qu'elle a proposé pour l'Année derniere (*a*), prouve encore plus l'application de cette Compagnie aux Objets du Commerce. L'encouragement qu'elle donne à ceux qui peuvent contribuer à en augmenter les Richesses, est un exemple pour les autres Académies du Royaume, qui fera

––––––––––––––––

(*a*) *Quelles font les différentes qualités de Laines nécessaires aux Manufactures de France? Ces Manufactures peuvent-elles se passer des Laines d'Espagne, d'Irlande, ou de toute autre Laine étrangere? Quels seroient les moyens de donner aux Laines de France les qualités qui leur manquent, & d'en augmenter la quantité?*

dans la Nation à celle d'Amiens un honneur immortel.

Confidérations fur les Finances d'Efpagne. A Drefde (Paris) M. DCC. LIII.

Le Traducteur de Don Geronymo de Uztariz est l'Auteur de ces Confidérations qui renferment beaucoup de chofes dans un très-petit Volume. Il paroît s'y être encore propofé de prouver par l'exemple de l'Efpagne, qu'en quelque Pays que ce foit la mauvaife Adminiftration des Finances eft également nuifible & au Commerce & à l'Agriculture même qui en eft la bafe.

Effai fur la Police générale des Grains. A Londres (Paris) M. DCC. LIV.

Cet Effai en eft à la troifième Edition, ce qui en prouve fuffifamment le mérite & le fuccès. On ne peut favoir trop de gré à l'Auteur de la fageffe avec laquelle il a traité une matiere tout à la fois fi importante & fi délicate. Rendons auffi juftice à l'encouragement que les Miniftres aujourd'hui donnent eux-mêmes aux Citoyens qui travaillent utilement fur ces matieres. Rien ne prouve davantage qu'ils ont pour objet le bien du Public, que de trouver bon qu'on l'éclaire fur fes vrais intérêts.

*Essai fur les Intérêts du Commerce Maritime, par M. D****. A la Haye* (Paris) M. DCC. LIV.

Comme ce petit Livre devient affez rare, je crois qu'il eft de l'utilité publique de le faire connoître : Quoique l'Auteur, conformement au Titre de fon Ouvrage, ne faffe qu'effleurer beaucoup de matieres, il paroît n'être pas moins au fait du Commerce d'Angleterre que de celui de France. Il fait mieux fentir qu'aucun des François qui en ont écrit, l'influence néceffaire que les Partis oppofés des *Whigs* & des *Torys*, qui divifent l'Angleterre, ont non-feulement fur l'Adminiftration intérieure du Royaume, mais même fur ce qui intéreffe le plus leurs voifins. D'après Mylord BOLINGBROKE, ou du moins d'accord avec lui, M. D**** prouve que les *Whigs* qui gouvernent, & dont les biens font placés dans les Fonds publics, pancheront toûjours pour la Guerre, attendu qu'étant maîtres de l'Argent & des Fonds circulans, leur intérêt perfonnel la demande ; que les *Torys*, au contraire, dont les biens font principalement en fonds de terre, feront conftamment les Partifans de la Paix, parce que le poids principal des Taxes en tems de guerre tombe fur eux, tandis que les *Whigs*, profitant de la néceffité où fe trouve le Gouvernement d'emprunter d'eux à un plus fort intérêt qu'en tems de Paix, jouïffent de tous leurs revenus dans ces tems orageux fans rien contribuer aux dépenfes de l'Etat. Ce que dit l'Auteur des Entreprifes continuelles de l'Angleterre pour augmenter fon Commerce & diminuer le nôtre, prouve la néceffité de profiter de la Paix pour rétablir les forces Maritimes du Roi (*a*), qui dépendent ab-

---

(*a*) „La Marine, qui demande une fi grande „fujétion, ne prend pas des progrès bien rapi„des ; elle ne peut les tirer que de l'aifance & de „la fplendeur, que le tems de la Paix & un bon „Gouvernement donnent à un Royaume."

Mémoires de Sully, Liv. X.

„Il faut être puiffant, dit le Cardinal DE RI„CHELIEU, pour prétendre à cet héritage (la „poffeffion de la Mer); les titres de cette Do„mination font la force, & non la raifon."

Teftament Politique de ce Cardinal, feconde Partie, Chap. 1. Seɛtion 5.

folument de la Navigation Marchande. Il propofe pour cela plufieurs moyens qu'il laiffe à juger à la fageffe du Minifte-re. Un de ceux qui contribueroient le plus à faire fleurir le Commerce en France, feroit une Ordonnance du Roi dans l'efprit de l'Acte de Navigation paffé au Parlement d'Angleterre en 1660. que les Anglois regardent comme leur *Palladium,* & dont il donne une Traduction. Il eft bien difficile de n'y pas admirer la fageffe des Anglois, & il eft encore plus étonnant que nous tardions fi long-tems à l'imiter.

M. D * * * * eft entré dans un affez grand détail fur nos Colonies, fur leur état actuel, fur les avantages que le Roi & l'Etat retirent de ce Commerce, fur les facilités qu'il y auroit d'en augmenter les richeffes, & fpécialement à l'égard de la Colonie de la Louifiane, qui ne demande que des bras pour la cultiver, & qui par la plantation du Tabac, la feule pro-

---

Et quelle Domination ! La Maxime ancienne attribuée à Thémiftocle fera vraie dans tous les tems : *Qui eft le Maître de la Mer eft le Maître de tout.*

duction de la terre, qui donne aux Anglois un avantage sur nous, nous mettroit à portée de devenir leurs Rivaux en cette partie, ou du moins de ne plus acheter de leur Tabac. Les Anglois, en année commune, en fourniffent dix-fept millions de livres aux Fermiers Généraux. L'Auteur fait part au Public d'un Projet préfenté au Miniftre, qui dans l'efpace de douze ans, mettroit la France en état de fe paffer de celui qu'elle eft obligée de tirer des Anglois, & par conféquent augmenteroit d'autant la balance du Commerce en faveur de cet Etat.

Remarques fur les Avantages & les Dèfavantages de la France & de la Grande-Bretagne, par rapport au Commerce & aux autres fources de la Puiffance des Etats. Traduction de l'Anglois du Chevalier JOHN NICKOLLS. A Leyde (Paris) M. DCC. LIV.

Cet Ouvrage eft affez connu par les trois Editions qui en ont été faites en moins de deux mois. Il vient d'en paroître une Traduction Angloife, qui ne permet plus de douter dans quelle Langue l'Original a été écrit & quel en eft le véritable Auteur.

Elémens du Commerce (deux Volumes.) *A Leyde, & se trouve à Paris chez Briaf-son, David l'aîné, Durand, &c. rue Saint Jacques.*

La seconde Edition de cet Ouvrage où l'Auteur a fait quelques Additions qui luy donnent un nouveau prix s'est débitée avec le même succès que la premiere. Mr. DE FORTBONNAIS qui a bien voulu se charger de l'article du Commerce dans l'Enciclopédie a rassemblé dans ces deux Volumes les Articles épars de ce Dictionnaire sur cette matiere qu'il a traitée en Maître. Il y prouve qu'en éffet le Commerce est une Science qui a ses principes & que personne ne les connoit mieux que luy.

Essai sur la différence du Nombre des Hommes dans les tems Anciens & Modernes, dans lequel on établit qu'il étoit plus confi-dérable dans l'Antiquité, traduit de l'An-glois de M. WALLACE, Chapelain de Sa Majesté Britannique & Membre de la Sociè-té Philosophique d'Edimbourg, par M. DE JONCOURT, Professeur de Langues Etrangeres à Paris. Londres (Paris) M. DCC. LIV.

Testament Politique de Mylord BOLING-BROKE écrit par lui-même, ou Considéra-

tions fur l'Etat préfent de la Grande-Bre-tagne, principalement par rapport aux Taxes & aux Dettes nationales, leurs caufes & leurs conféquences, traduit de l'Anglois. A Lon-dres (Paris) M. DCC. LIV.

L'Ouvrage que nous annonçons ici, eſt le même que celui dont nous avons fait imprimer la Traduction à la fin du premier Volume de M. Hume: nous avons regret que celle-ci, qui mérite les plus grands éloges, n'ait pas paru plutôt; nous nous ferions contentés d'y renvoyer le Lecteur. Au reſte, l'Original n'a pas en Anglois d'autre titre que celui fous lequel nous l'avons fait paroître en François. Mylord Bolingbroke étoit trop modeſte pour en donner un auſſi pompeux que celui de *Teſtament Politique,* à des Réflexions auxquelles il n'a pas même eû le tems de mettre la derniere main: s'il en eût voulu faire un, il eût été plus général; il eût découvert toutes les playes de l'Etat, & en eût indiqué les remèdes. Un des premiers devoirs des Traducteurs, eſt de ne s'écarter en rien de l'eſprit des Auteurs qu'ils traduifent. En voulant par un titre faſtueux en impoſer au Lecteur, on le trompe fur le caractere de l'Ouvrage qu'on lui préfente ; du moins on fe met dans le rifque de ne pas tenir ce qu'on lui promet. On annonce au Public *les Mémoires de Mylord BOLINGBROKE,* & que lui donne-t-on ? La Traduction d'une fimple Lettre à M. WINDHAM, où fon Ami fe borne à juftifier à fes yeux la conduite qu'il a tenue foit pendant fon Miniftere, foit depuis qu'il a été forcé de quitter l'Angleterre. Si les Libraires veuleut des titres qui piquent la curiofité, les Lecteurs exigent qu'on rempliffe fes engagemens. Ne prêtons point aux Anglois nos mœurs & notre façon de penfer : ils ont l'avantage de pouvoir compter la modeftie au rang des vertus qui caractérifent leur Nation. Ceux d'entre eux qui ont rendu les plus grands fervices à la Patrie, ont dédaigné le foin de les tranfmettre à la poftérité. J'ai connu particulierement Mylord BOLINGBROKE, je fuis perfuadé qu'il ne nous eût pas laiffé l'Hiftoire des Evènemens, où il a eû le plus de part, s'il ne s'étoit pas trouvé dans la néceffité de repouffer les traits de la calomnie. Un de nos Auteurs François en a fait la remarque : nous avons une multitude de Mémoires qui ne font que des mouvemens de la vanité de ceux qui les ont écrits ; le premier Anglois qui fe foit avifé de publier lui-même l'Hiftoire de fa Vie, étoit un Comédien.

F I N.

<hr>

Imprimé à PFOERTEN
Chez JEAN TOBIE SIEFARD.

TABLE

DU SECOND VOLUME.

Fin de la Table.

www.ingramcontent.com/pod-product-compliance
Lightning Source LLC
LaVergne TN
LVHW021542170726
843501LV00004B/1160